W0305208

Alice Milliat,

la femme olympique

À Sandrine,
une histoire qui n'a rien à voir avec un fait divers…
quoi que !
Bonne lecture,

Les Pérégrines : un mot au féminin pluriel pour évoquer nos féminismes ; un nom en hommage au roman éponyme de Jeanne Bourin, historienne et romancière, grand-mère et figure d'inspiration d'Aude Chevrillon, la directrice de la maison. Notre ambition : vous proposer un voyage intellectuel en publiant des textes toujours pertinents, souvent impertinents, qui, par des voix fortes et hardies, des plumes belles et singulières, observent le monde par différentes fenêtres, nous amènent à faire un pas de côté, nous poussent à mieux appréhender l'autre, l'étrangeté, la diversité, nous livrent des trajectoires inspirantes pour dessiner une société plus humaine.

« Les Audacieuses »
Femmes de lettres ou de sciences, artistes prodigieuses, aventurières intrépides ou militantes galvanisées, les femmes qui ont fait avancer notre monde ont souvent été effacées de l'histoire. Pour les tirer de cet oubli, les biographies de la collection « Les Audacieuses » proposent des récits au plus près de ces destins passionnants et vrais.

Conception graphique : Audrey Desanti
En couverture : Alice Milliat pratiquant l'aviron, 1920
© Agence Rol/Bibliothèque nationale de France

© Éditions Les Pérégrines, 2024
Tous droits réservés

Éditions Les Pérégrines
21, rue Trousseau 75011 Paris
www.editionslesperegrines.fr

Sophie Danger

Alice Milliat,

la femme olympique

Éditions Les Pérégrines

De la même autrice

Se dépasser avec Laura Marino, Leduc, 2022
Graffitis de chiottes. Les murs de la liberté, Tana, 2018

Prologue

« Et pourquoi n'aurions-nous pas, nous aussi, nos Jeux olympiques ? Je sais que notre initiative a beaucoup ému les organisateurs des Jeux olympiques masculins. Que ces messieurs fassent leur mea culpa ! Malgré nos sollicitations pressantes et réitérées, le Comité olympique a toujours refusé d'adjoindre l'athlétisme féminin aux Jeux olympiques. Pouvions-nous courber sous l'indifférence ou l'hostilité déguisée des dirigeants masculins ? Cette attitude n'eût pas été digne des sportives que nous sommes. Nous avons relevé le gant et, puisqu'on n'a pas voulu de nous, nous allons prouver que nous sommes capables de conduire nos destinées. »

Alice Milliat, *Le Petit Journal*, 20 août 1922

Aux premières notes de *La Marseillaise*, Pershing se fige. La joyeuse effervescence qui agitait les gradins s'éteint d'un coup pour laisser place au silence. Assise au centre de la tribune officielle, Alice se repaît du spectacle. La rumeur lancinante des conversations chuchotées qui rythmait le passage des délégations étrangères s'est tue. Il n'y a plus un mouvement, plus un geste, plus un bruit pour venir troubler la solennité du moment. À cet instant, l'immense stade construit aux abords du bois de Vincennes par les Américains n'est plus que musique. Musique et cris lorsque retentissent enfin les « F-F-F France ! », « F-F-F France ! », « F-F-F France ! » scandés en chœur par les athlètes françaises.

Après les Suissesses, les Tchécoslovaques, les Anglaises et les Américaines, elles sont les dernières à prendre part au défilé des nations. De sa place, Alice ne distingue guère plus que leurs silhouettes, mais chacune d'entre elles lui est familière. Violette Gouraud-Morris, reconnaissable entre mille, promène son allure massive en toute fin de cortège, Lucie Petit à ses côtés. Un peu plus haut, Alice aperçoit la coupe à la garçonne et le dossard numéro 69 de Georgette Lenoir. Quelques têtes plus loin, elle devine Lucie Bréard. La recordwoman du monde du 500 mètres a calé ses pas dans ceux des jumelles Andrée et Germaine Darreau, deux des cadettes du *team* France, qui fêteront leurs seize ans dans trois jours. Et puis, il y a Paulette de Croze et Cécile Maugars. Les Parisiennes, visage grave, regard braqué sur l'horizon, encadrent Louise Noeppel. C'est elle, l'Alsacienne, qui a été choisie pour être le porte-drapeau de l'équipe nationale. Une lourde responsabilité dont la native d'Illkirch-Graffenstaden s'acquitte sereinement, peu impressionnée par les milliers de paires d'yeux braquées sur elle.

« F-F-F France ! F-F-F France ! F-F-F France ! » À mesure que les Françaises se rapprochent, leurs voix se font plus claires, plus fortes. Une fois à hauteur de la tribune principale, elles s'époumonent une dernière fois. 15 h 15. Alice rejoint Paulette de Croze en bordure de piste. 15 h 17. La voix de Paulette s'élève dans le stade : « La Fédération féminine de France sollicite l'ouverture des premiers Jeux olympiques féminins du monde. » Tout Pershing a désormais les yeux rivés sur Alice. 15 h 18. « Je proclame… » L'assemblée retient son souffle. « … ouverts… » La tension semble à son paroxysme. « … les premiers Jeux olympiques féminins du monde ! » La foule se lève et se met à hurler.

Nous sommes le 20 août 1922. Grâce à Alice Milliat, les femmes sportives viennent d'entrer dans l'Histoire.

1

« Qu'a-t-on fait en France pour l'éducation physique et sportive féminine ? Officiellement rien. Le bilan est simple. Théoriquement il existe des cours de gymnastique dans les écoles et les lycées. Dans les endroits où ils ont lieu, ils sont tellement passionnants que les élèves les désertent sous un prétexte ou sous un autre. Le professeur – homme ou femme – y met en général si peu d'ardeur et de conviction que les enfants croient comprendre qu'il s'agit uniquement pour eux d'une corvée de plus. »
Alice Milliat, conférence à la Sorbonne, 13 mars 1920

Elle est née le 5 mai 1884, à sept heures du matin, au domicile familial de la rue Guépin, en plein cœur de Nantes. Édouard et Joséphine Million (née Brevet), dont elle est le premier enfant, ont choisi de l'appeler Alice et de lui donner pour deuxième prénom Joséphine. Son troisième prénom est Marie, hommage à deux de ses arrière-grands-mères et trois de ses tantes. Pour l'état civil, elle est donc Alice, Joséphine, Marie Million.

L'accouchement s'est passé sans trop d'encombre, la jeune maman de vingt et un ans et son bébé se portent bien. Rassuré, Édouard les a quittées aux alentours de midi afin de déclarer la naissance à la mairie, accompagné de deux de ses témoins de mariage : Joseph Brevet, l'oncle paternel de son épouse, libraire-relieur de métier, et Achille Lamisse, son ami comptable. En paraphant le registre du troisième canton de Nantes, il a soudainement pris conscience de l'ampleur des bouleversements qui ont émaillé sa vie ces derniers mois. En moins d'un an, ce célibataire endurci de trente-cinq ans a rencontré la femme de sa vie, l'a épousée et est devenu officiellement chef de famille.

Il est vrai que rien ne prédestinait Édouard et Joséphine à se rencontrer. Outre leurs quatorze ans d'écart, ils ont grandi à environ mille kilomètres de distance l'un de l'autre. Fils de tailleurs, lui est un Sudiste pur souche, né à Peyrolles-en-Provence, dans les Bouches-du-Rhône. Cinquième d'une fratrie de sept – uniquement des garçons –, il a peu connu sa mère, Blandine, décédée alors qu'il n'avait que treize ans. Son père, Étienne, est mort à son tour onze ans plus tard. À vingt-quatre ans, le jeune Provençal est orphelin et, hormis ses deux frères encore en vie et une demi-sœur, issue du premier mariage de son père, il n'a quasiment plus d'attaches.

En cette seconde moitié de XIXe siècle, la majorité est fixée à vingt-cinq ans pour les hommes, selon le code civil napoléonien ; Édouard est donc encore mineur. Alice, qui n'a jamais osé évoquer ce pan de son existence avec lui, a longtemps pensé qu'il était arrivé à Nantes en 1874 après avoir été mis sous tutelle d'Hippolyte, son frère aîné. Un temps établi à Vincennes, cet adjudant d'administration des subsistances militaires, qu'elle a très peu connu, s'était installé dans la cité ducale à la suite de son union avec une rentière du coin. L'autre hypothèse d'Alice est que son père aurait choisi de rallier la petite ville portuaire pour y rejoindre Mamer, son cadet, officier d'administration lui aussi, qui occupait alors un logement rue Boileau, dans le centre.

La famille Brevet est installée à quelques rues de là, route de Clisson. Le père, Jules, épaulé par Joséphine, sa femme, y tient une auberge jusqu'à sa disparition, en 1881. La benjamine de la fratrie, également prénommée Joséphine, épousera Édouard Million deux ans plus tard, le 23 juillet 1883.

Les jeunes mariés emménagent rue Guépin, une artère animée à quelques encablures du château des Ducs de Bretagne. Les premiers temps de leur vie à deux sont heureux. Rapidement enceinte, Joséphine s'occupe de la maison tout en prêtant main forte à l'épicerie attenante, où officie son commerçant de mari. Travailler ne lui a jamais fait peur. Comme Marie et Léontine, ses deux sœurs aînées, elle n'a pas eu la chance d'aller à l'école et a dû très tôt aider ses parents à faire tourner l'affaire familiale. Habituée au contact avec la clientèle, elle n'a pas son pareil pour tenir la caisse et vérifier les livres de comptes, ce qui est une aubaine pour Édouard, bien plus porté sur le boniment que sur les chiffres.

La naissance d'Alice au printemps suivant ne change rien à ce bel équilibre. Du moins, jusqu'à ce qu'Édouard rende définitivement son tablier d'épicier. Alice a à peine deux ans et la suite de son enfance va être marquée par les changements professionnels de son père, tour à tour voyageur de commerce, négociant et comptable, ainsi que par les déménagements – au moins cinq en dix-huit ans –, chaque fois dans un périmètre restreint du centre de Nantes.

Pendant les cinq premières années de son existence, Alice grandit en solitaire. Joséphine, enceinte d'une deuxième fille un an après la naissance de son aînée, met au monde Marthe, qui meurt seize jours plus tard. Elle perdra également un garçon, mort-né en 1888, puis une autre fille, Yvonne, née en 1898 et disparue à quelques jours de fêter ses trois ans. Entre-temps sont nés Marguerite, en 1889, et Édouard, cinq ans plus tard. Ne plus être fille unique est une bénédiction pour Alice, dont l'entourage ne cesse de louer la maturité, la discrétion et la curiosité. Cet intérêt pour le monde qui l'entoure se traduit par une immense soif d'apprendre et va se matérialiser par un parcours scolaire remarquable. Il faut dire que, chez les Million, l'éducation est un sujet avec lequel on ne transige pas.

Contrairement à celle de sa mère, la génération d'Alice peut espérer autre chose qu'une vie de labeur et de sacrifices. Sous l'impulsion de Jules Ferry, à partir de 1882, l'école primaire devient laïque, gratuite et obligatoire pour tous les enfants de six à treize ans. Alice va également bénéficier de la loi Camille Sée qui, en 1880, a ouvert l'enseignement secondaire aux jeunes filles. Elle a conscience, par ailleurs, qu'avoir grandi à Nantes est une chance extraordinaire : les élus locaux sont sensibles au progrès, et la ville est l'une des premières du pays, avant même Paris, à inaugurer un lycée pour filles. C'est dans les salles lumineuses des deux immenses maisons bourgeoises acquises par la municipalité que les deux petites Million effectueront une grande partie de leur scolarité.

Ces années passées à l'école communale de la rue Harouys marquent profondément Alice, qui gardera toujours en mémoire le souvenir vivace de cette imposante façade, rempart de briques rouges et de pierres calcaires qui abritait un superbe jardin s'étendant jusqu'aux confins de la rue de la Bastille. Combien de jeux a-t-elle inventés avec ses amies au cœur de la gigantesque cour isolée du dehors par des murs d'enceinte qui lui paraissaient sans fin ? Lorsque l'été laisse place à l'automne et que le soleil vire à la pluie, ses camarades et elle prolongent volontiers le plaisir en se réfugiant sous la serre, où les anciens propriétaires cultivaient fleurs et légumes avant qu'elle ne soit réaménagée en préau couvert.

C'est ici que se tient chaque année l'incontournable remise des prix, une cérémonie ô combien solennelle que la famille Million ne manquerait pour rien au monde. Même Édouard, souvent par monts et par vaux pour satisfaire à ses obligations professionnelles, s'arrange pour être présent. Ce jour-là, traditionnellement vers la fin juillet, Alice, sa sœur et son frère sont exceptionnellement autorisés à porter les toilettes de fête que leur mère, habile couturière, confectionne pour les grandes occasions. La suite obéit à un rituel bien rodé.

À huit heures et demie, Joséphine donne le signal du départ et les Million prennent le chemin de l'école. Une fois le seuil franchi, les deux Édouard, Joséphine et Marguerite se dirigent vers les bancs réservés aux familles, tandis qu'Alice rejoint ses camarades de classe sagement installées de chaque côté de l'estrade, où trône déjà la directrice. À neuf heures pile, l'indéboulonnable M. Chevillard agite sa baguette et l'orchestre se met à jouer *La Marseillaise*. Puis vient le moment qu'Alice redoute le plus : celui des discours. Impatiente que la remise des récompenses débute, elle ronge son frein pendant que M. le maire ou une quelconque sommité locale débite les poncifs d'usage sur l'éducation des jeunes filles.

L'été 1898 restera celui de son triomphe : alors qu'elle a tout juste quatorze ans, Alice achève avec succès sa deuxième année d'enseignement secondaire et s'apprête à empocher huit premiers prix, son record. « Pourvu qu'on en finisse… et vite ! » glisse-t-elle à l'oreille de sa voisine, tandis que le professeur de législation, M. Maublanc, rappelle que l'école de la rue Harouys a « pour vocation de faire non des femmes savantes mais des femmes instruites, capables de seconder et de conseiller leurs maris, des mères de familles capables d'élever et de diriger leurs enfants ». Son exposé, d'abord barbant et peu progressiste, prend une tournure inattendue quand il mentionne le cas Jeanne Chauvin, brillante docteure en droit empêchée d'exercer son métier d'avocate au seul motif qu'elle est une femme. « La Cour lui a refusé ce droit, mais tout n'est pas dit dans l'affaire et la loi pourra bien un jour être changée », clame l'enseignant, avant de conclure : « Nous verrons peut-être, dans cette fin de siècle ou le prochain, les jupons féminins se mêler confraternellement, à la barre des tribunaux, aux robes des avocats. »

En se levant pour récupérer son premier prix en littérature française, Alice se demande si elle aimerait, comme Jeanne Chauvin, devenir une femme de loi. Alors qu'elle regagne sa place, elle est interrompue dans sa réflexion : la voilà de nouveau appelée, pour le prix de mathématiques cette fois. Elle se lèvera encore pour aller recevoir ceux d'histoire naturelle, d'histoire, de géographie, de dessin, d'anglais et d'allemand, une moisson qu'elle complètera avec le deuxième prix en langue française et le troisième en travaux d'aiguille !

De toutes ces années passées rue Harouys, seule une distinction manquera à son palmarès : celle de gymnastique. Alice a toujours abhorré cette matière, au point qu'elle a décidé de ne plus assister aux leçons – ce qui lui a valu de sévères remontrances de la part de l'administration. Joséphine et Édouard, soucieux que leur fille obtienne son diplôme, ont trouvé un compromis avec la directrice : jusqu'à ce qu'elle quitte l'école, leur aînée assistera aux cours d'éducation physique mais sera dispensée d'exercice. Il ne faudrait pas que sa répugnance pour les gymnastiques hygiéniques compromette son avenir. Ils n'ont qu'un souhait, que leurs filles aient des diplômes, car c'est à ce prix, et uniquement à ce prix, qu'elles pourront être indépendantes plus tard. Et dans leur esprit, l'indépendance passe obligatoirement par le savoir, alors, quelle importance si Alice ne fait pas de gymnastique ?

2

« En Angleterre, les jeunes filles se sont toujours adonnées tout au moins à un sport, le tennis, et il n'a guère été difficile de leur demander de pratiquer la course à pied, les sauts et le lancement du javelot et du poids. Et la vogue de ces deux exercices athlétiques s'est répandue dans toutes les classes, aussi bien dans les milieux mondains que dans les familles bourgeoises et que parmi les ouvrières. »
Alice Milliat, *Le Journal*, 5 septembre 1923

Il faudra qu'un bras de mer la sépare du gymnase de la rue Harouys pour qu'elle commence à aimer le sport. Ce petit miracle va doucement prendre corps en Angleterre, au cours de l'année 1904. Alice n'a pas encore vingt ans et elle quitte le giron familial pour s'installer à Londres. Cet exode de quelques mois va marquer dans son parcours une rupture très nette, dont la portée ira bien au-delà de son soudain intérêt pour l'activité physique.

La petite fille brillante, studieuse et disciplinée à l'école, attentionnée, dévouée et obéissante à la maison, laisse place à une adulte à qui l'on reprochera souvent, plus tard, son caractère très – trop – affirmé. À Nantes, elle était docile non par manque de personnalité, mais parce qu'elle avait déjà conscience de sa chance de pouvoir continuer à étudier après le lycée – elle a suivi une formation en dactylographie – et d'avoir des parents pour qui il existe d'autres planches de salut que le mariage quand on est une fille.

Alice, tout comme Marguerite, a été élevée dans l'idée que seul le travail confère un statut social. Contrairement à de nombreux parents de l'époque, Joséphine et Édouard ont toujours voulu que leurs filles aient un métier. Ce qu'ils n'avaient pas anticipé, c'est le goût prononcé de leur aînée pour l'ailleurs, qui va contribuer à révéler une jeune femme indépendante, déterminée jusqu'à l'entêtement.

Longtemps, Paris a représenté le graal pour Alice, le cadre parfait pour mener la grande vie, aller fréquemment au théâtre, assister à des courses de chevaux, côtoyer des femmes élégantes dont l'unique préoccupation semble être de changer de tenue chaque fois qu'elles sont assurées d'être vues... Son obsession pour l'Angleterre est arrivée plus tard, après le secondaire, et Joseph Milliat, son futur mari, n'y est pas totalement étranger.

De taille moyenne, châtain, les yeux verts, les cheveux coupés très court et les oreilles légèrement décollées, Joseph ne se dépare jamais d'une moue frondeuse qui donne l'impression qu'il se moque de tout. Issus d'une famille de coiffeurs nantais réputés, son père et son grand-père tenaient un salon rue Guépin, à quelques mètres seulement de l'épicerie des parents Million. Joseph aurait dû reprendre l'affaire familiale, mais il nourrit une véritable passion pour le commerce. Un métier idéal pour voir du pays, rabâche-t-il à Alice.

Le vrai socle de leur complicité est là, dans ce désir partagé de découvrir le monde. Mille fois, depuis qu'ils sont enfants, ils se sont imaginé quitter Nantes pour partir à l'aventure. Leur entourage s'en est longtemps amusé, mais la nouvelle, à l'automne 1903, de l'embauche de Joseph par une maison de commerce de Cardiff va changer la donne. C'est une opportunité exceptionnelle, et il n'a aucunement l'intention de passer à côté – Alice non plus.

Elle est encore mineure, mais pas question de demander la permission à ses parents, au risque de s'entendre répondre « non », ce qui est tout bonnement inconcevable. Il faut donc qu'elle trouve elle aussi un emploi, une place de jeune fille au pair de préférence, afin de lui assurer le gîte et le couvert. Elle ne peut tout de même pas emménager avec Joseph… Les deux jeunes gens commencent à éplucher les petites annonces. Chaque jour, ils voient passer des demandes de courtiers par dizaines, on cherche également à profusion des commis, des dames de compagnie, on veut des professeurs de musique, des petites mains, parfois des jeunes filles à marier, on a besoin de personnel pour la Belgique, la Russie, l'Angleterre... Il y en a pour tous les goûts et toutes les destinations, à condition de savoir faire le tri entre propositions fantaisistes et annonces sérieuses.

Celle des Gulbenkian leur fait immédiatement forte impression. Le couple, d'origine turque, souhaite s'offrir les services d'une « jeune fille, excellente éducation, connaissance parfaite de l'anglais, pour s'occuper de deux enfants à l'étranger ». Les intéressées sont priées de leur adresser un courrier au consulat de France, 21 Cromwell Road, à Londres. Même si Cardiff n'est pas la porte à côté, Alice est séduite. Pour ce qui est de la distance, ils pourront aviser une fois sur place. Aidée de Joseph, elle se fend d'une longue lettre dans laquelle elle se raconte, insiste sur cette envie de voyager qui l'accompagne depuis l'enfance, et évoque avec tendresse ses relations avec sa sœur et son frère, qui constituent l'essentiel de son expérience avec les enfants. Même si l'annonce ne le demande pas, elle prend l'initiative de joindre une photo. On l'y voit poser, ses grands yeux marrons fixés sur l'objectif, le visage animé par un sourire généreux qui laisse deviner un grain de beauté placé juste à la naissance de la narine droite, signe distinctif de tous les enfants Million. Ses longs cheveux bruns sont réunis en un chignon qu'elle a enfoui avec soin sous un large chapeau de paille offert par son père au retour d'une virée provençale.

La réponse arrive quelques semaines plus tard : malgré son anglais hésitant, M. et Mme Gulbenkian, séduits par la personnalité qui se dégage de sa lettre, invitent Alice à les rejoindre dans les plus brefs délais. Mis devant le fait accompli, Joséphine et Édouard ne sont pas enchantés par la perspective de laisser leur fille aînée s'envoler mais n'ont pas le cœur de l'en empêcher.

En novembre 1903, Alice franchit pour la première fois de sa vie les confins de la Loire-Inférieure et arrive à Londres, tandis que Joseph a pris la direction de Cardiff. L'accueil chaleureux que lui réservent les Gulbenkian la rassure d'emblée. Le couple habite une splendide demeure décorée avec soin au n° 2 de Holland Park Avenue, une longue artère bourgeoise située en plein cœur de la capitale anglaise. Alice n'a aucun mal à s'acclimater à son nouvel environnement. Le rythme de ses journées est calqué sur celui des deux bambins dont elle a désormais la charge. C'est elle qui les accompagne à l'école, prépare leurs repas et les aide à faire leurs devoirs. Elle est également chargée de leur enseigner le français, un exercice qui l'oblige à progresser elle-même en anglais jusqu'à en maîtriser parfaitement toutes les subtilités.

Ce don manifeste pour les langues lui vaut rapidement d'être invitée par les maîtres de maison à les suivre lors de leurs déplacements. Spécialiste des affaires étrangères, M. Gulbenkian est amené à se rendre fréquemment aux États-Unis et en Scandinavie. D'ordinaire, il est contraint de voyager seul, mais grâce à la présence d'Alice, il peut dorénavant faire ces escapades en famille. Pour elle, dont l'enfance a été bercée par les récits hauts en couleur de son père voyageur de commerce, découvrir des horizons lointains autrement que par procuration est une véritable aubaine. Dès qu'elle arrive dans une nouvelle ville, elle s'empresse d'envoyer une carte postale à Marguerite et Édouard pour entretenir le lien, éviter que la distance ne l'effiloche. Le rituel est chaque fois le même : elle profite que les petits Gulbenkian soient couchés pour raconter New York, Copenhague ou Oslo à ses frère et sœur, leur détailler toutes ces odeurs, toutes ces couleurs, tous ces bruits qu'elle aimerait leur faire découvrir un jour.

Elle leur parle également de Londres, décrit avec force précision l'architecture imposante du château de Windsor, s'attarde sur la beauté du Royal Albert Hall et tente de recenser, missive après missive, tous les trésors exposés au musée d'histoire naturelle. Et puis, il y a Hyde Park. Marguerite et Édouard ont vite compris que c'était pour elle un lieu à part, celui qu'elle s'empresse de rejoindre lorsqu'elle a un jour de repos. Hyde Park et sa fameuse Serpentine River, un immense plan d'eau sur lequel, leur annonce-t-elle, elle a commencé à s'initier à l'aviron, ou plutôt au *rowing*, comme disent les Anglais. Ce qu'elle omet sciemment de préciser, c'est qu'elle a longtemps hésité avant de se jeter à l'eau, échaudée par le souvenir pénible de ses cours de gymnastique.

L'arrivée de Joseph à Londres, où il a trouvé un nouveau travail, l'aide à sauter le pas, de même que les discours des Gulbenkian, qui l'ont poussée sur cette voie. L'activité physique, lui ont-ils expliqué, est un aspect important de la société anglaise. Ici, culture du muscle et culture de l'intellect sont indissociables, contrairement à la France où seul compte ce que l'on a dans la tête. Les élèves des *public schools* ne sont pas condamnés aux seules activités hygiéniques, comme c'était le cas pour Alice rue Harouys : ils jouent au football-association – que l'on appellera par la suite tout simplement football –, au football-rugby – le futur rugby – ou s'affrontent lors de parties de hockey sur gazon, pour ne citer que quelques exemples. Pratiqués dès l'enfance, ces sports leur inculquent la persévérance et l'esprit d'équipe. À l'âge adulte, nombreux sont ceux qui continuent à s'entraîner au sein de sociétés dédiées, dont certaines sont ouvertes aux femmes. Alice a du mal à croire les Gulbenkian lorsqu'ils lui apprennent qu'il existe des équipes féminines de football en Angleterre, même si celles-ci ne sont qu'une poignée. Elle n'a pas connaissance d'un tel phénomène en France, que ce soit pour le football ou pour d'autres sports. Elle espère néanmoins se tromper, car elle a bien l'intention de continuer à ramer sur la Seine.

Six mois ont passé, et Joseph et Alice ressentent le besoin de rentrer. Après cette parenthèse outre-Manche, ils ont envie de tenter leur chance à Paris. Ils ont d'ores et déjà trouvé un pied-à-terre au 51 boulevard de Strasbourg, non loin de la place de la République. Le grand départ a lieu le 18 mai 1904, treize jours après le vingtième anniversaire d'Alice – et huit jours à peine après son mariage avec Joseph. Avant de quitter définitivement l'Angleterre, tous deux ont en effet choisi de s'unir lors d'une cérémonie très simple organisée à la chancellerie du consulat général de France. Joséphine et Édouard, absents, ont donné leur consentement, et M. Gulbenkian a accepté de bonne grâce d'être un de leurs témoins.

C'est donc en tant que M. et Mme Milliat qu'ils investissent leur petit appartement de la rive droite. Joseph se met en quête d'une place d'employé et Alice propose par voie de presse ses services de sténodactylographe et de traductrice. Une fois la question du travail réglée, il ne lui restera plus qu'à se mettre en quête d'un club pour reprendre l'aviron.

3

« Je sais bien que, pendant la guerre, on a dû chercher à former rapidement des soldats physiquement capables de servir la plus noble des causes, mais si l'on a, en France, attendu cette dure leçon de la guerre pour découvrir la nécessité de l'éducation physique, on doit chercher aujourd'hui à élargir le programme et en étendre les bienfaits à la femme. »
Alice Milliat, conférence à la Sorbonne, 13 mars 1920

À son retour de Londres, Alice doit prendre son mal en patience. Il lui faudra attendre dix longues années avant de pouvoir renouer avec l'aviron. Toutes ses démarches pour intégrer un club sont vaines. À la différence de ce qu'elle a connu en Angleterre, les sociétés de rowing, dans la France de ce début de XXe siècle, sont majoritairement réfractaires à l'idée d'accueillir des femmes dans leurs rangs. Pourtant, les rameuses existent, il lui est arrivé d'en croiser de temps à autre au cours de ses balades sur les quais de Seine, mais elle a rapidement dû se rendre à l'évidence : ces dames sont avant tout des privilégiées qui ont accès à des bateaux privés, un luxe malheureusement hors de portée pour elle. Résolue à ramer coûte que coûte, Alice frappe aux portes de tous les cercles nautiques dont elle croise la route, et il est fort probable qu'elle aurait continué encore longtemps si des événements dramatiques n'étaient venus subitement endeuiller les débuts de sa vie parisienne.

Tout commence le 3 novembre 1907, quand Joséphine, sa mère, disparaît soudainement à quarante-quatre ans. Marguerite n'a encore que dix-huit ans, Édouard treize ; Alice éprouve le besoin de se rapprocher des siens. Joseph, qui refuse catégoriquement d'être séparé de sa femme, décide de la suivre. Les jeunes mariés rendent les clefs de leur appartement parisien pour rejoindre Nantes, où ils trouvent à se loger place de Bretagne. Mais Joseph, qui a toujours été de santé fragile, tombe malade et Alice, impuissante, voit son état se dégrader au fil des jours. Il meurt à son tour – les archives ne précisent pas de quoi –, à vingt-huit ans, le 24 mars suivant. La perte de son compagnon de toujours est une déflagration pour Alice, un anéantissement. Comment expliquer que l'on puisse mourir si jeune ? Tout ce qui les liait depuis l'enfance n'existe plus, ils n'auront pas d'enfants et, contrairement à ce qu'ils s'étaient imaginé, ils ne vieilliront pas ensemble non plus.

Malgré son immense peine, elle retourne à Paris. Peut-être la distance l'aidera-t-elle à faire son deuil ? Il lui sera également sans doute plus facile de trouver du travail là-bas que dans la cité ducale. C'est au 121 boulevard de l'Hôpital, sur la rive gauche de la Seine, ce versant sud de la capitale qu'elle et Joseph ont peu exploré, qu'elle démarre sa nouvelle vie. Anonyme parmi les anonymes, elle tente d'apprivoiser la ville en solitaire et s'en sort tant bien que mal grâce à des travaux de traduction et quelques leçons particulières d'anglais.

Le temps commence à peine à faire son œuvre que la tragédie la frappe à nouveau. Le 2 janvier 1910, Édouard, son père, est admis à l'Hôtel-Dieu de Nantes, où il rend son dernier souffle. À bientôt vingt-six ans, Alice est à la fois veuve et orpheline, et n'a plus la tête ni le cœur au sport.

Durant les quatre années qui suivent, elle va s'étourdir dans le travail et voyager au Brésil – ce qui lui vaudra, paraît-il, de parler couramment portugais –, sans que l'on sache très bien comment elle peut se le permettre financièrement… L'argent est l'un des grands mystères de la vie d'Alice Milliat !

À la fin du mois de juillet 1914, l'Autriche déclare la guerre à la Serbie avant que l'Allemagne ne fasse de même avec la Russie, la France puis la Belgique. Les jours passant, Alice assiste, terrifiée, à ce départ de feu qui va progressivement embraser toute l'Europe.

En France, l'heure est à la mobilisation, et la majorité des hommes en âge de servir sont envoyés au front.

C'est dans ce contexte très particulier qu'Alice découvre Fémina Sport, la première société sportive féminine du pays, et qu'elle commence à côtoyer Pierre Payssé, son fondateur. Cet avant-gardiste est une référence incontournable pour les amateurs de sport, qui ont tous entendu parler de son double sacre en pentathle et en hexathle gymnastiques aux Jeux olympiques intercalaires de 1906 à Athènes. Également deux fois champion du monde du concours général par équipe, il a naturellement choisi de faire de la gymnastique son métier et l'enseigne au lycée Buffon, dans le quinzième arrondissement de Paris. En dehors de ses heures de cours, il est moniteur général à En avant, une association multidisciplinaire dont les membres peuvent se former à la gymnastique, mais aussi à l'escrime, à l'athlétisme et aux sports de combat, dans le cadre enchanteur du gymnase Huyghens, célèbre pour son extraordinaire verrière Eiffel.

C'est à En avant que Pierre Payssé, convaincu des bienfaits de l'activité physique pour toutes et tous, s'est d'abord risqué à ouvrir, dès 1909, une section féminine. Cette initiative, qu'il a eu bien du mal à imposer, a rapidement sonné le glas de ses relations avec une partie de la direction. Furieux de ne pouvoir agir comme il l'entend, il en claque la porte – la direction technique reviendra par la suite à Albert Pélan – et embarque à sa suite ses huit adhérentes, parmi lesquelles les sœurs Liébrard – Jeanne et Suzanne – et les sœurs Brulé – Jeanne et Thérèse –, futures « as » dont les performances seront, par la suite, régulièrement relayées dans la presse. Avec leur soutien, il fonde un club dissident, Fémina Sport, qui naît officiellement le 27 juillet 1912, soit deux ans avant qu'Alice n'en découvre l'existence. Ses débuts sont modestes. Les sociétaires se contentent, pour seul local, d'une salle d'exercices gracieusement prêtée par le maître Mainguet, professeur de boxe réputé et autre bonne âme acquise à leur cause. Elles s'y adonnent à toutes les formes de gymnastique – rythmique, suédoise, aux agrès –, s'y initient aux danses helléniques ainsi qu'à la boxe, française notamment, et à la canne, un autre sport de combat.

La gymnastique enseignée par Pierre Payssé n'a absolument rien à voir avec la corvée qu'Alice a dû endurer, petite, à l'école. La différence majeure tient en un mot : pédagogie. Adepte des méthodes révolutionnaires d'Émile Jaques-Dalcroze et d'Albert Cozanet (alias Jean d'Udine), Pierre Payssé dispense ses entraînements en musique et, comme en danse, recherche l'émotion à travers la gestuelle. Au-delà des seules considérations sportives, Alice est également conquise par la vision des femmes que porte cet homme et elle va rapidement s'engager à ses côtés, amorçant ainsi sa carrière de dirigeante sportive.

À mesure que les mois passent et que Fémina s'ouvre à d'autres disciplines plus athlétiques, Alice, revigorée par l'activité physique, suit volontiers le mouvement. Curieuse, elle s'essaie au hockey sur gazon, puis au lancer de poids, qu'elle apprivoise en compagnie de Violette Gouraud-Morris, laquelle deviendra une figure marquante de ce sport féminin balbutiant. Lorsque Pierre Payssé lui annonce avoir conclu une entente avec En douce, société nautique installée sur les quais de la Marne à hauteur de Joinville-le-Pont, elle saute sur cette occasion de goûter à nouveau aux joies de l'aviron. Malgré toute la bonne volonté dont elle a fait preuve, aucun des exercices auxquels elle s'est prêtée jusqu'à présent ne lui a procuré autant de plaisir que celui qu'elle ressent lorsqu'elle monte dans un canot. Il suffit que sa rame effleure l'eau pour que ses émotions remontent instantanément à la surface. L'aviron, c'est l'Angleterre, Londres, la Serpentine River. C'est Joseph, les jours heureux, l'époque où Édouard et Joséphine étaient encore en vie. Quand elle navigue, elle est seule dans un entre-deux plutôt confortable où se télescopent ces douces réminiscences d'un passé qui ne reviendra pas et la certitude qu'elle se dirige malgré tout vers un avenir serein. Sans compter qu'à chaque sortie son corps devient plus endurant, plus résistant. À force de pratique, elle ne craint plus ni le soleil, ni la pluie, ni le froid ; elle n'a plus besoin de médecin. Et puis, elle a l'esprit léger. Lorsqu'elle canote, plus rien ne peut l'atteindre, ni la peur du ridicule, ni l'opinion des autres, elle a l'impression d'être intouchable.

Ce qui n'était qu'un simple loisir devient très vite un besoin. Chaque dimanche, quelle que soit l'humeur du ciel, Alice s'oblige à traverser tout Paris pour rejoindre Joinville-le-Pont et elle s'illustrera, au fil des ans, par quelques exploits retentissants : la traversée Paris-Montereau – une soxantaine de kilomètres à vol d'oiseau, beaucoup plus par voie fluviale – en 1919, l'Audax rameurs – cinquante kilomètres à parcourir en moins de douze heures – trois ans plus tard… Jamais, avant elle, aucune femme n'avait osé prendre part à cette épreuve de résistance. Encouragées par son inscription, six autres candidates se présentent finalement sur la ligne de départ, ouvrant la voie à d'autres participantes les années suivantes. Cette première a été saluée par la presse, principalement *L'Auto*, organisateur de l'événement, mais Alice ne s'en enorgueillit pas. Ramer pour la gloire n'a jamais été son but, ce qu'elle veut, elle, c'est ramer pour l'exemple, consciente que ses prouesses sportives peuvent servir la cause. Elle sait néanmoins qu'elles ne suffiront pas. Un an après avoir rejoint Fémina, elle franchit un nouveau cap dans son engagement en en devenant la présidente.

4

« Adam fut créé le premier d'un peu de glaise puis, d'une de ses côtes, le Créateur fit surgir Ève. C'est du moins ce que la Bible nous apprend. Or, dès cet instant, l'Homme, estimant sans doute que la glaise valait mieux que sa côte, considéra la Femme comme un être inférieur que l'on doit, suivant son tempérament et les latitudes, traiter en machine à produire travail, enfants, plaisirs et bien-être masculins, en l'entourant parfois de la sollicitude d'un empereur envers un de ses sujets favoris. »

Alice Milliat, *L'Auto*, 15 février 1923

Diriger Fémina n'est pas de tout repos et Alice s'en rend vite compte. Lorsqu'elle n'était que sociétaire, elle n'avait pas à se soucier de tous les petits tracas qui rythment la vie d'un club : les retards aux entraînements, les convocations oubliées, la difficulté de palier le départ de nombreux professeurs à la guerre en leur trouvant des remplaçants. Ce n'est là évidemment qu'une infime partie de ses attributions. En sa qualité de présidente, c'est également à elle de rassurer les nouvelles adhérentes, de convaincre celles qui aimeraient les rejoindre mais qui hésitent, d'organiser les campagnes d'abonnements, de planifier cours, matches et réunions, et de nouer des ententes avec d'autres structures sportives afin de pouvoir bénéficier gracieusement de leurs équipements. Un quotidien que la concurrence naissante rend plus prenant encore.

Sa nomination tout juste effective, Alice se retrouve en effet à devoir composer avec Académia, rassemblement initié par un certain Gustave de Lafreté. Elle ne le connaît pas personnellement, mais Pierre Payssé, qui a eu l'occasion de le rencontrer, lui en a brossé un portrait des plus flatteurs. Selon lui, Lafreté est un pionnier du sport masculin, qu'il a contribué à introduire et installer – non sans difficultés – dans le paysage hexagonal à la fin du XIXe siècle, aidé en cela de quelques « jeunes piqués » comme on les qualifie alors. Il est également un pionnier du journalisme sportif. Face aux résistances très fortes rencontrées par les premiers athlètes, ce grand amateur de cyclisme a eu l'idée lumineuse de se servir de la presse pour populariser la pratique du sport et convaincre les récalcitrants de son utilité. Avec son bagout pour seul bagage, il a démarché tous les directeurs de rédaction de Paris, quémandant un peu de place dans leurs précieuses colonnes pour relayer leurs exploits. Une stratégie osée qui s'est révélée payante. *L'Écho de Paris* a été l'une des premières publications à accéder à sa demande et Gustave de Lafreté en est, depuis, l'une des signatures.

Avec Académia, lui qui fut également l'un des premiers licenciés du Racing Club de France, puissant groupement masculin omnisports installé dans le bois de Boulogne, ambitionne de poursuivre sa gigantesque entreprise de promotion du sport en France en s'adressant dorénavant aux femmes. L'initiative est louable et Alice ne peut que s'en réjouir, d'autant que, trois ans après ses débuts, Fémina, tributaire des locaux que l'on veut bien lui prêter, est encore et toujours contrainte de refuser des inscriptions faute d'espace suffisant. En additionnant ses sociétaires – une petite soixantaine tout au plus – aux sportives qui évoluent dans la section féminine d'En avant, on ne parvient même pas à une centaine. Le constat est assez désespérant, mais Alice est persuadée que l'arrivée d'Académia peut accroître les effectifs de manière significative, ce qui, par ricochet, aidera le mouvement sportif féminin à sortir du relatif anonymat dans lequel il végète. La personnalité de Gustave de Lafreté, en revanche, la laisse assez dubitative…

La quarantaine bien tassée, ce Parisien pur jus a une fâcheuse tendance à tirer sans cesse la couverture à lui. À l'écouter, les profanes pourraient croire que la femme sportive est née à Académia. Pour Alice, Lafreté se comporte comme si tout ce qui s'était passé avant n'existait pas. Pierre Payssé ? Rayé des tablettes ! En avant et Fémina? Inconnus au bataillon. Trop d'aplomb au goût d'Alice, qui va très vite s'apercevoir que le bonhomme a également de l'entregent et qu'il n'hésite pas à en faire usage. Sa dernière prouesse en la matière remonte à mai 1915, date de l'assemblée constitutive d'Académia à laquelle il a convié un certain nombre d'hommes et de femmes du monde. Le public, épaté, a ainsi pu croiser la duchesse d'Uzès, illustre pilote automobile qui a accepté, par sympathie, de devenir présidente de son association. Tristan Bernard, son ami romancier, s'est quant à lui fendu d'un discours saupoudré de ces bons mots dont il a le secret. Toutefois, cette facette mondaine de Lafreté ne doit pas faire oublier qu'il est et reste avant tout un homme de presse, ce qu'Alice va apprendre à ses dépens. Jamais, au cours de l'année 1915, Fémina n'a été mentionné ne serait-ce qu'une fois dans les journaux. Pas même un entrefilet, alors qu'Académia…

Gustave de Lafreté a beau se défendre de poursuivre autre chose que ce qu'il qualifie d'« œuvre de vulgarisation sportive totalement désintéressée », Alice ne peut s'empêcher d'avoir des doutes quant à la sincérité de sa démarche. La « prise » du stade Brancion par son concurrent ne va faire qu'intensifier sa méfiance : alors qu'elle se démène en vain pour trouver des terrains où pratiquer des disciplines de plein air, les Académiennes, elles, jouissent d'un accès à la pelouse du Club français, généreusement prêtée par son président, Ernest Weber, connaissance de Lafreté. Ce remarquable exemple de clientélisme permet à Académia de frôler la barre des trois cents affiliées après moins de trois mois d'existence. Parmi elles, Suzanne et Jeanne Liébrard, deux « historiques » de Fémina passées sous pavillon rival pour pouvoir pratiquer l'athlétisme. Alice est tiraillée entre deux sentiments contraires : elle se réjouit de cette impulsion donnée au sport féminin – elle est la première à dire que la concurrence saine est vectrice d'émulation et de progrès – mais elle désapprouve catégoriquement la manière d'agir déloyale de Lafreté.

Fort heureusement, un an après avoir accueilli Académia, Ernest Weber, soucieux de justice, accorde la même faveur à Fémina. Dès lors, chaque dimanche, du début du mois de juin aux premiers frimas d'octobre, les troupes de Pierre Payssé profitent, elles aussi, du petit stade qui jouxte les « fortifs » côté Vanves pour des séances de course, de saut et un entraînement de basket. Les sœurs Liébrard, qui n'attendaient que ça, réintègrent le nid. Mais contrairement à ce qu'espérait Alice, ce dénouement n'a aucune incidence sur la situation d'ensemble des sportives françaises, qui paraît plus que jamais engluée dans un statu quo sclérosant. Elle prend alors l'initiative d'organiser une rencontre interclubs, une « grande fête », comme elle l'appelle, à laquelle elle convie toutes les sociétés féminines existantes. Une dizaine de représentantes d'En avant s'empressent de répondre à son invitation, mais du côté de Gustave de Lafreté, rien ! Certainement influencées par leur président, les Académiennes brillent par leur absence.

Cet affront n'empêche cependant pas le succès. Encouragée par les retours enthousiastes des participantes, Alice décide de réitérer l'expérience l'année suivante avec un programme athlétique plus musclé. Les 14 et 15 juillet 1917, en l'absence d'Académia, définitivement indifférente à sa proposition de ralliement, les filles de Fémina et d'En avant se retrouvent à Brancion pour l'acte II d'un rendez-vous qu'elle présente comme le premier championnat de France d'athlétisme féminin.

Pour les amateurs de sport habitués des grandes manifestations masculines, le qualificatif peut paraître pompeux, mais l'effet d'annonce est d'autant plus efficace qu'Alice, à présent rompue aux techniques de Lafreté en matière de propagande, terme qui revient très souvent à l'époque, a convaincu Henri Arnaud de se joindre aux célébrations. Elle espère que la présence de ce crack du demi-fond, rapatrié du front après avoir été touché lors d'un bombardement aérien dans la Meuse, attise la curiosité des journalistes. Le pari est réussi. Venus en nombre à Vanves, tous les reporters s'accordent sur un point : la qualité indéniable du spectacle offert par ces jeunes filles qui, vêtues de maillots et de culottes amples dévoilant leurs bras musclés et leurs jambes nerveuses, font entrer le sport féminin dans l'ère de la compétition.

Parmi les héroïnes du jour, trois viennent de Fémina : Thérèse Brulé, graveuse de musique de profession, intouchable à la hauteur sans élan et sur 80 et 400 mètres ; Suzanne Liébrard, comptable, comme seule au monde à la longueur (avec et sans élan), au javelot et sur les haies, et puis Violette Gouraud-Morris, qui défraiera régulièrement la chronique par la suite pour ses mœurs libérées : future divorcée, ouvertement bisexuelle, elle fume et s'habille comme un homme, ce qui lui vaudra d'entrer en conflit avec la fédération des sports féminins, à laquelle elle fera un procès – qu'elle perdra – en 1930. Mais en 1917, Violette Gouraud-Morris n'est encore qu'une jeune femme, issue d'une famille de militaires, qui pilote une ambulance sur le front. Dépeinte comme un « Hercule féminin » par *Excelsior*, elle s'était déjà démarquée lors des championnats de France de natation de grand fond disputés avant la guerre, et a profité d'une permission exceptionnelle de quarante-huit heures pour s'offrir titre et record au lancer de poids.

À l'heure du bilan, cette première réunion athlétique à échelle nationale et ses retombées s'apparentent à un plébiscite pour Alice. Outre le plaisir d'avoir marqué un point dans la détestable bataille d'egos qui l'oppose au fondateur d'Académia, cette réussite est avant tout pour elle une confirmation :

l'union vaut mieux que la confrontation. Le conflit larvé qui l'oppose à Lafreté aura au moins eu le mérite de l'autoriser à penser plus grand. À l'avenir, elle ne se contentera plus de l'étiquette de modeste dirigeante de club, elle veut mettre toute son énergie au service d'une cause, et ce changement de cap nécessite une volte-face tactique. Contrairement à ce que pense le fondateur d'Académia, si le but ultime est de permettre la reconnaissance du sport féminin, collectionner les adhérentes ne suffit pas. Il y a urgence à mettre de côté les querelles de clocher et à opérer un choix fort et altruiste qui implique d'œuvrer non seulement dans la même direction, mais surtout sous la même bannière.

Quelques semaines après la démonstration de Brancion, l'idée a fait son chemin dans l'esprit d'Alice et de Pierre Payssé. Albert Pélan, à la tête d'En avant, leur apporte son concours, rejoint peu de temps après par le maître Mainguet et Ernest Weber. En janvier 1918, six mois après les championnats de France d'athlétisme féminin, la création de la Fédération des sociétés féminines sportives de France (FSFSF) est entérinée avec, à sa tête, Raoul Baudet, chirurgien en chef de l'hôpital Saint-Louis. Cette nouvelle entité regroupe Fémina, En avant et Académia. La vision éclairée d'Alice, qui en est la trésorière, a fini par avoir raison de l'individualisme de Lafreté. Son titre de vice-président – honneur qu'il partage avec Marie Surcouf, dynamique militante de l'aéronautique féminine – n'est probablement pas étranger à ce revirement, mais qu'il se soit rangé à leurs côtés par opportunisme ou par conviction importe finalement peu. L'essentiel est ailleurs, pour Alice : malgré leurs divergences, Lafreté est à présent des leurs.

Il ne reste plus à la jeune fédération qu'à se mettre au travail. Alice et ses compagnons de route annoncent la tenue d'un cross dans les bois de Chaville-Vélizy pour la fin avril. L'United Sportwomen Voltaire, nouvelle venue dans le paysage sportif féminin, se joint aux forces en présence et, en tout, ce sont une bonne quarantaine de candidates qui vont se presser près de l'étang d'Ursine au début du printemps. Le public disséminé le long des 2,5 kilomètres du parcours assiste au sacre d'Antoinette de Tinguy, frêle étudiante de seize ans membre d'Académia. Deux mois plus tard, le 7 juillet, Fémina remet les compteurs à zéro en dominant, au stade Jean Bouin, la deuxième édition des championnats de France d'athlétisme, grâce à une Suzanne Liébrard au sommet de son art. Sourde au bruit des détonations des obus ennemis qui s'abattent sur Paris, elle remporte six des dix épreuves disputées, relais compris. Sa maîtrise et sa polyvalence lui valent le surnom de « Géo André au féminin », alter ego gracieux de celui que d'aucuns considèrent comme l'athlète le plus complet du pays.

5

« Oui, la femme a droit au sport ! Ne venez pas nous mettre en avant ce vieux lieu commun qu'elle doit rester au foyer pour raccommoder les chaussettes… »

Alice Milliat, conférence à la Tribune libre des femmes, 5 février 1927

Lundi 11 novembre 1918. Onze heures. Paris vibre au rythme des coups de canon, des salves d'artillerie et des volées de cloches. Gagnée par l'effervescence qui agite la capitale, Alice se joint à la foule qui envahit les boulevards et les avenues. Malgré le froid, malgré la grisaille et la brume, il semble que toute la population se soit donné rendez-vous pour hurler et partager sa joie : six heures plus tôt, alors que la ville était encore plongée dans le noir, les Allemands signaient le protocole d'armistice en forêt de Compiègne. Sur le front, les hostilités viennent de cesser. Après 1561 jours de combats, de douleurs, de larmes et de privations, la guerre est enfin terminée. Cette fin d'automne porte en elle la promesse trop longtemps refoulée du renouveau et de la paix. Une nouvelle ère commence pour le pays, et Alice pressent que c'en est une pour elle aussi.

Sa vie a déjà bien changé depuis le début du conflit et, par chance, pour le meilleur. Contrairement à d'autres, elle a été relativement épargnée – Marguerite, sa sœur, va bien et Édouard, son frère, incorporé dès septembre 1914, a survécu à quatre blessures et reçu la croix de guerre en récompense de son sang-froid et de sa bravoure. Il n'empêche que, pour Alice comme pour les autres, résister à quatre années d'atrocités, de renoncements et de restrictions a été affreusement difficile. Ce qui lui a permis de garder le moral durant cette période trouble, c'est Fémina. Faire du sport l'a aidée à ne pas perdre pied. En l'obligeant à s'ouvrir aux autres, en la contraignant à nouer des liens, la pratique de l'aviron, du hockey, du lancer de poids lui a donné la force de supporter un quotidien bouleversé. C'est aussi dans l'activité physique qu'elle a puisé le courage d'affronter, une bonne fois pour toutes, la perte de Joseph et d'amorcer un deuil jusque-là impossible.

À bientôt trente-cinq ans, elle s'autorise enfin à avancer sans culpabiliser. Mieux encore, depuis sa nomination à la tête du club, elle s'est découvert un goût prononcé pour les responsabilités et, marotte inavouable, une appétence certaine pour la gestion de crise, qu'elle doit en grande partie à ses rapports tendus avec Lafreté. Ses premières attributions au sein de la Fédération des sociétés féminines sportives de France n'ont fait que conforter son envie de poursuivre dans cette direction et de s'impliquer davantage dans la destinée du sport féminin. Après avoir été trésorière de la FSFSF durant quelques mois, on lui a proposé d'en devenir la secrétaire générale intérimaire. Une montée en grade méritée qui ne lui interdit pas, les élections approchant, de viser plus haut encore, encouragée en cela par les défections annoncées de Raoul Baudet et Marie Surcouf. Après un peu plus d'un an d'exercice, ni l'un ni l'autre ne souhaitent briguer un second mandat, ce qui signifie que, sous peu, la présidence sera vacante – alors, pourquoi pas elle ?

Ses aspirations personnelles risquent de faire jaser, mais Alice passe outre, certaine que nul ne peut remettre en cause sa légitimité. Après tout, elle participe à l'aventure fédérale depuis le commencement, elle en connaît parfaitement les rouages et ce n'est pas là son seul mérite. Qu'ils soient sportifs ou dirigeants, tous ceux qui l'entourent s'accordent à saluer son dévouement et son altruisme. Jamais elle n'a compté son temps, jamais elle ne s'est plainte. Cela se sait, cela se voit et, surtout, cela se répercute de manière très concrète sur la FSFSF, qui chapeaute désormais huit sociétés, dont une, La Vie au grand air du Médoc (VGA Médoc), a récemment vu le jour en province, une première ! D'un strict point de vue mathématique, en à peine deux années d'existence, le nombre d'affiliations a presque triplé. Quelle autre institution sportive peut se prévaloir d'une telle progression ? Il va sans dire que ce résultat n'est pas uniquement le sien – elle ne l'a d'ailleurs jamais revendiqué comme tel –, mais elle y a grandement contribué.

Officiellement candidate au poste suprême, Alice accède à la présidence de la Fédération des sociétés féminines sportives de France le 10 mars 1919. Trois semaines plus tard, elle étrenne ses nouvelles fonctions lors de la deuxième édition des championnats de France de cross-country, organisée dans le parc de Saint-Cloud. Elle va en profiter pour asseoir d'emblée les fondements du « style Milliat », qui ne s'embarrasse pas de politesses inutiles et lui vaudra par la suite quelques inimitiés tenaces.

La veille de l'épreuve, il a neigé en abondance sur la région parisienne. Si cela n'a rien d'extraordinaire à cette époque de l'année, le froid est saisissant et la totalité du parcours – 2,7 kilomètres, soit 200 mètres de plus que l'année précédente – recouverte d'un épais manteau blanc. Des conditions peu favorables, qui incitent certains des compagnons de route d'Alice, soucieux des répercussions que pourrait avoir le spectacle de fluettes jeunes femmes batifolant dans la neige à demi vêtues, à envisager un report. « Je me moque de la neige autant que des cancans », objecte sèchement Alice, qui en profite pour rappeler à tous que, si l'ambition de la FSFSF est bien de sensibiliser le plus grand nombre au sport féminin, se plier systématiquement à l'avis général est tout sauf une bonne stratégie. « Nous sommes là pour éduquer, non pas abdiquer, assène-t-elle encore, péremptoire. À force de nous regarder, ils finiront par s'habituer. » En réponse à l'argument de la supposée fragilité physiologique du sexe féminin – rengaine indigeste qu'elle abhorre –, elle poursuit : « J'ai beau fouiller ma mémoire, je n'ai pas souvenir d'avoir entendu une seule voix s'élever pour s'insurger quand, durant la guerre, il nous a été demandé à nous, frêles femmes, de prendre le relais, dans les usines ou dans les champs, de tous les hommes partis au front. Et pourtant ! Je peux vous assurer qu'il nous a fallu autrement plus de courage pour supporter la rudesse de ces tâches que pour tomber le manteau par quelques degrés en-dessous de zéro. Nous ne sommes pas des poules mouillées. Je vous mets d'ailleurs au défi, messieurs, de me donner le nom d'une seule des candidates ici présente qui se serait tournée vers vous pour manifester une quelconque intention de rebrousser chemin. Il n'y en a aucune, ce qui prouve que cette discussion n'a pas lieu d'être et qu'il est grand temps de tracer le cross. »

Il est 10 heures tapantes quand, conformément à ses instructions – pour ne pas dire ses ordres – et à l'horaire prévu, les trente-trois inscrites s'élancent à travers les bois de Garches. Lucie Cadiès, vingt ans, représentante de Fémina, et Lucienne Laudré, une Académienne de seulement onze ans (sa petite sœur de huit ans et demi, Jacqueline, participe aussi, ce dont leur père, « sportsman convaincu », se justifiera le lendemain dans *L'Auto*) se portent rapidement en tête. Elles resteront au coude à coude jusqu'à la ligne d'arrivée, franchie d'une courte enjambée par la première – qui, pour l'anecdote, épousera quelques années plus tard Édouard Million, le frère d'Alice.

Ce premier succès sportif enregistré sous la présidence Milliat lance officiellement une saison extrêmement chargée. Après avoir confirmé la tenue d'une troisième édition des championnats de France d'athlétisme pour l'été 1919, Alice valide coup sur coup la création de deux autres championnats nationaux, l'un en basket, l'autre en football-association. L'initiative n'est pas sans susciter, une fois de plus, quelques remous : si le basket au féminin est jugé acceptable, le football est et doit rester une affaire d'hommes.

Cela fait pourtant presque deux ans maintenant que la discipline est enseignée à Fémina, berceau du mouvement. Certes, les débuts ont été fastidieux et la guerre, qui battait alors encore son plein, n'a pas facilité la tâche. En tant que dirigeante du club, Alice a dû déployer des trésors d'ingéniosité pour convaincre onze de ses deux cents adhérentes de se lancer. Heureusement, elle a pu s'appuyer sur ses piliers, Thérèse Brulé et Suzanne Liébrard, pour amorcer l'élan. Lucie Cadiès faisait elle aussi partie des volontaires de la première heure.

Une fois son équipe formée, Alice s'est rapidement retrouvée aux prises avec un autre problème de taille : l'absence de concurrence. Académia et En avant étant trop frileuses pour lui emboîter le pas, elle s'est rabattue sur les scolaires – uniquement des garçons, il va de soi – et des *teams* masculins indépendants. Un choix osé mais payant : les propositions ont immédiatement afflué, ce qui a permis aux jeunes footballeuses de poursuivre leur apprentissage au contact, une fois n'est pas coutume, du sexe opposé. À peine six mois plus tard, le 21 avril 1918, sur la pelouse du Red Star à Saint-Ouen, les filles étaient invitées à disputer leur premier match en public, une démonstration d'environ trente minutes par deux équipes du club, en lever de rideau d'un prestigieux France-Belgique masculin. L'annonce de cette rencontre internationale, totalement inattendue en cette période de guerre, avait suscité un engouement énorme parmi la population.

Les deux onze – le premier emmené par Thérèse Brulé (capitaine et avant) et Lucie Cadiès (centre), maillots rayés bleu et blanc, l'autre par Suzanne

Liébrard (elle aussi capitaine et avant), maillots bleus et parements blancs –, peu intimidés par les 5 000 spectateurs présents dans les tribunes, ont rempli leur mission avec brio, ouvrant crânement les festivités avec quelques passements de jambes applaudis à tout rompre. Alice n'a pas attendu le coup de sifflet final pour être intimement convaincue que ce dimanche aux faux airs de paix resterait dans les annales comme un moment fondateur pour le football-association au féminin. Le fait que ses règles aient été légèrement remaniées – terrain plus petit, temps de jeu réduit et charges brutales proscrites – a contribué à séduire et rassurer le public, mais aussi la concurrence. À la suite de cela, En avant s'est déclaré prêt à ajouter la discipline à son programme, ce qui permet à Alice d'envisager, en 1919, la naissance d'un championnat dédié.

Depuis son ouverture à d'autres disciplines que l'athlétisme, la FSFSF est sur la bonne voie et Alice projette désormais d'ajouter au calendrier des championnats d'aviron et, plus tard, de barette, sorte de rugby adapté à la pratique féminine grâce à la complicité de l'international André Theuriet. Tous les moyens sont bons pour pérenniser le mouvement à Paris et l'enraciner en province. Les chantiers qui les attendent, ses comparses et elle, sont innombrables, mais ils ont déjà gagné l'un de leurs paris : la femme sportive n'est plus un concept, leurs efforts ont permis qu'elle devienne une réalité que plus personne ne peut ignorer. La reconnaissance est là. Cela ne veut pas dire que l'adhésion soit générale – Alice a parfaitement conscience que c'est même très loin d'être le cas –, mais désormais, une femme qui court, saute des obstacles ou frappe dans un ballon n'est plus considérée comme une excentrique dérangée. Pour faire définitivement entrer la pratique dans les mœurs, il va falloir trouver des fonds afin d'être en mesure de proposer, à l'avenir, des manifestations plus spectaculaires encore et au retentissement plus prononcé. C'est à ce prix seulement que l'on pourra asseoir et légitimer les sportives sans plus de discussion possible.

Il n'y a qu'à regarder ce qui se fait au tennis pour comprendre ce qu'Alice a en tête. Sur les courts, le public se passionne autant pour les exploits de Marguerite Broquedis et Suzanne Lenglen que pour ceux d'André Gobert et de Max Decugis. Qu'est-ce qui distingue ces deux championnes d'une Suzanne Liébrard ou d'une Thérèse Brulé, que peu de gens connaissent ? Ce n'est pas une question de talent, mais d'échelle. La popularité de la Lenglen ne serait pas la même si celle-ci s'était contentée de briller à Nice ou à Cannes. Ce sont avant tout ses victoires en championnat du monde, à Saint-Cloud et à Wimbledon, qui ont forgé sa réputation. Pareil pour Marguerite Broquedis, qui doit pour partie sa renommée à son sacre olympique à Stockholm avant la guerre – le tennis fait alors partie des rares disciplines auxquelles

les femmes peuvent participer. Alice est persuadée que c'est ce vers quoi doit tendre la Fédération des sociétés féminines sportives de France. Il faut donner aux sportives des occasions de s'exprimer et de briller hors des frontières.

Contrairement à son pendant masculin, le sport féminin, quel que soit le pays dans lequel il est pratiqué, en est encore à un stade embryonnaire. Alice sait qu'il existe en Angleterre, aux États-Unis ou en Scandinavie, mais il est le fait d'initiatives locales, comme en France. Passer la vitesse supérieure impliquerait que toutes ces nations se rapprochent, s'organisent et mettent en place des manifestations communes. À moins que tout ce beau monde ne se greffe sur un rendez-vous déjà existant… les Jeux olympiques, par exemple, qui auront lieu à Anvers, en Belgique, entre avril et septembre 1920. Le Comité international olympique (CIO) a confirmé qu'il y aurait du tennis féminin ; Alice estime que le temps est venu d'interpeller ses représentants afin qu'ils ajoutent également quelques épreuves athlétiques. Le 20 octobre 1919, la FSFSF, par l'entremise de sa dynamique présidente, saisit officiellement le CIO, afin de demander l'ajout de l'épreuve reine au programme féminin d'Anvers. La réponse de Pierre de Coubertin et de ses co-élus ne se fait pas attendre : un non courtois mais ferme, qui ne s'embarrasse pas d'explications.

©DR

Des joueuses de barette en 1925.

6

« Demandez donc à l'institutrice, à l'ouvrière, à l'employée qui travaillent toute la semaine si elles préfèrent prendre des poses hiératiques et avaler des médicaments plutôt que de passer leur dimanche au stade à faire provision de force et de bonne humeur ! »
Alice Milliat, *L'Auto*, 17 janvier 1924

Contrairement à ce qu'Alice avait espéré, les femmes ne concourront pas en athlétisme aux Jeux de 1920. Ainsi en a décidé le Comité international olympique, cette institution qui, depuis sa création, fonctionne à l'entre-soi masculin : dirigée par des hommes à destination d'autres hommes. Outre qu'il lui a été signifié sans égards, ce véto lui semble totalement injustifié, mais Alice n'a jamais été femme à renoncer : après tout, si le CIO n'a pas accédé à sa demande, il ne lui a pas non plus donné une fin de non-recevoir pour toutes les éditions olympiques à venir…

Il lui reste à présent quatre ans pour fourbir ses arguments, amener Pierre de Coubertin à revenir sur sa décision et permettre aux athlètes féminines de concourir lors des prochains Jeux. Sous le patronage du baron, il va sans dire que la manifestation antique a beaucoup évolué : désormais laïque, elle se veut universelle mais, s'il n'est plus besoin d'être grec et libre pour pouvoir y prendre part, elle reste, à de rares exceptions près, destinée aux hommes – ce qui n'est plus acceptable. Alice espère d'autant plus parvenir à ses fins que, malgré leurs divergences à propos de la femme olympique, l'une et l'autre partagent des idéaux moins éloignés qu'il n'y paraît. Tous deux ont été profondément marqués par la guerre, la Grande pour elle, celle de Prusse pour lui. Ces événements dramatiques ont façonné leur manière d'appréhender le sport, une activité qui tient pour eux plus du devoir que du simple amusement hygiéniste. Comme le président du CIO, Alice est convaincue qu'il ne peut y avoir de nation forte sans peuple fort. Selon elle, il n'y a pas de meilleur moyen d'œuvrer à ce qu'elle nomme « la suprématie physique de la nation », d'en garantir la tranquillité, que par l'entretien, le renforcement du corps de ses citoyens. C'est la même conviction qui a poussé Coubertin à remettre au goût du jour la tradition des jeux d'Olympie.

En fin de compte, leurs vues ne divergent radicalement que sur un point, mais de taille : ce patriotisme sportif est, pour le baron, une affaire de mâles. Malgré tout le respect qu'elle est censée lui devoir, Alice déplore cette perception rétrograde selon laquelle la femme ne pourrait prétendre à autre chose qu'à prendre soin de sa famille. En Angleterre, les suffragettes ont obtenu le droit de vote et sont à présent éligibles aux sièges municipaux et législatifs. C'est également le cas en Norvège, en Finlande, en Suède, en Tchécoslovaquie. Les Australiennes, les Néo-Zélandaises et les Américaines de certains États sont elles aussi acceptées dans l'isoloir… Sans oublier les Belges, qui sont en passe d'y accéder à leur tour. Et la France, dans tout ça ? Rien ! Autrefois pays d'avant-garde, la voilà largement dépassée sur le plan des droits des femmes. Ceci étant, Alice se garde bien de réduire les mouvements contestataires féminins au seul combat pour le droit de vote. La lutte des femmes pour leur émancipation s'est invitée dans les foyers, les usines, les ateliers ; elle s'immisce désormais logiquement jusque dans les vestiaires.

C'est précisément cela qu'Alice défend : un féminisme sportif dont les revendications portent en priorité sur l'égalité d'accès aux stades, mais aussi sur le droit fondamental à la santé. Il est impératif que les femmes soient encouragées au même titre que les hommes à se dépenser physiquement, ce qui les aidera, à terme, à gagner en force et en vigueur. L'idée n'est pas « de faire des femmes phénomènes capables de battre des records en essayant d'égaler les performances masculines, rassure-t-elle ses détracteurs non sans ironie, mais simplement de fortifier notre corps en même temps que notre esprit, de mettre notre éducation physique au même rang que notre éducation intellectuelle et morale». Et ce n'est pas là le seul bienfait du sport, lequel a également permis aux femmes de s'émanciper des corsets qui les comprimaient pour qu'elles exhibent une taille fine, contribuant ainsi à rebattre, à leur niveau, les cartes de la féminité. Globalement, il faut reconnaître que les sportives sont moins sujettes aux problèmes de santé, sans compter, et Alice insiste sur ce point en épousant avec un certain opportunisme les préoccupations natalistes de l'entre-deux-guerres, qu'elles sont plus susceptibles que les non-pratiquantes de mettre au monde des enfants solides, ceux-là mêmes qui contribueront, une fois adultes, à assurer la défense de leur pays.

C'est pour toutes ces raisons qu'il est nécessaire de faire évoluer les mentalités sur la question et, pour cela, les femmes sportives doivent faire école. En leur refusant un destin olympique, Alice estime que Pierre de Coubertin – et il n'est hélas pas le seul – les a privées d'une tribune qui aurait pu leur permettre de concrétiser leurs ambitions.

Mais Alice a de la ressource. En avril 1920, elle annonce la tenue prochaine d'une gigantesque tournée de football sur le sol anglais, un événement d'ampleur qui, en cas de succès, pourrait asseoir le sport féminin au-delà des frontières hexagonales et contribuer à ébranler les certitudes de Coubertin. Les Françaises qui auront la chance d'être sélectionnées affronteront les redoutables Dick, Kerr Ladies, un *team* créé trois ans plus tôt par les employées de la Dick, Kerr & Co Ltd, une société spécialiste du transport ferroviaire reconvertie, à la faveur de la guerre, dans la fabrication de munitions. Le coup d'envoi des festivités aura lieu le 30 avril à Preston, dans le Lancashire, discrète bourgade du Nord de l'île où l'entreprise possède une usine. Les deux formations se retrouveront ensuite à Stockport puis à Manchester, avant de finir en apothéose lors d'un face-à-face à Londres.

À vrai dire, ce n'est pas Alice qui est à l'initiative de ce projet. L'invitation est venue directement d'Angleterre et doit beaucoup à l'une des joueuses que l'équipe de France s'apprête à affronter. La demoiselle en question, dont l'histoire n'a pas retenu le nom, était de passage à Paris quand elle s'est retrouvée, par hasard, à assister à un match entre deux équipes de Fémina. Agréablement surprise par la qualité du spectacle, elle s'en est ouverte à la direction des Dick, Kerr Ladies, qui s'est empressée de contacter la patronne de la FSFSF.

Alice a retenu dix-sept joueuses pour cette campagne initiatique. Parmi elles, les incontournables Jeanne et Thérèse Brulé, Madeleine Bracquemond, la capitaine de l'équipe nationale, mais aussi les jumelles Laloz, Geneviève et Thérèse, récemment enrôlées à En avant. Tout ce beau monde se retrouve le 27 avril à 8 h 45 au pied de l'horloge extérieure de la gare du Nord. Si leur départ passe inaperçu dans la grisaille parisienne, l'accueil qui leur est réservé deux jours plus tard, à leur arrivée à Preston, est sensationnel. À voir la foule immense agglutinée sur les quais, Alice et les filles se demandent si toute la ville ne s'est pas donné le mot pour venir leur souhaiter la bienvenue et se retrouvent à devoir jouer des coudes pour rejoindre les voitures chargées de les conduire à leur hôtel.

Le lendemain, jour de match, le stade municipal est plein à craquer : 30 000 personnes ont pris d'assaut les tribunes. Éreintées par leur long voyage, impressionnées par le public nombreux venu les voir jouer, les Françaises, habituées à évoluer dans des stades quasiment vides, s'inclinent par deux buts à zéro. Mais l'essentiel est ailleurs. Les Anglais, en fins connaisseurs, apprécient la résistance qu'elles ont opposée à leurs rivales du jour et, dès le coup de sifflet final, se ruent sur le terrain pour le leur faire savoir. Louise Ourry, la petite gardienne française d'1 mètre 55 copieusement moquée pour sa taille en début de rencontre, a fait preuve d'un sang-froid et d'une adresse qui lui valent d'être portée en triomphe.

La suite de cette virée britannique sera à l'avenant. Où qu'elles aillent, quoi qu'elles fassent, Alice et ses joueuses sont attendues, guettées, ovationnées. Chacun de leurs faits et gestes est ausculté, disséqué par des hordes de photographes et de reporters qui font le récit quotidien de leurs aventures dans les colonnes de tous les journaux du Royaume-Uni. Le soir, plutôt que de rester sagement dans leurs chambres, elles enchaînent les réceptions officielles. Seize ans après son passage chez les Gulbenkian, Alice observe avec une pointe d'envie que l'Angleterre garde un train d'avance sur la France en matière de sport féminin, ce qui se ressent évidemment dans les performances.

Après sa défaite inaugurale à Preston, l'équipe de France paye son manque d'expérience avec un second revers à Stockport (5-2), avant d'arracher le nul (1 partout) sur la pelouse détrempée de Manchester. Les Françaises parviennent néanmoins à mettre un point final glorieux à leur périple en s'offrant une victoire retentissante (2-1) sur le gazon de Stamford Bridge, à Londres, avec des buts signés Geneviève Laloz et Madeleine Bracquemond : environ huit ans après les débuts du sport féminin dans l'Hexagone, l'équipe nationale enregistre son premier succès international en infligeant aux Dick, Kerr Ladies la première défaite de leur histoire. L'exploit est de taille ! Lorsque l'arbitre siffle la fin de la rencontre, les 10 000 spectateurs présents dans l'enceinte londonienne se dressent comme un seul homme pour entamer spontanément *La Marseillaise.* Le *team* anglais, quant à lui, est définitivement sous le charme de Louise Ourry et lui propose de rejoindre ses rangs pour quelques mois, ce qu'elle s'empresse d'accepter, actant ainsi le premier transfert de l'histoire du football féminin.

Quelle fierté pour Alice et les filles, mais que d'amertume lorsqu'elles retournent en France. À mesure qu'elles s'éloignent des côtes britanniques, la frénésie qu'elles ont connue et suscitée durant ces quelques jours cède doucement le pas à l'indifférence qui constitue, chez elles, leur lot quotidien. Lorsqu'elles débarquent gare du Nord, personne ne les attend, si ce n'est quelques camarades de club. Ce manque de considération du public français ne douche en rien leurs aspirations, et encore moins celles de leur présidente. À peine rentrée, Alice annonce la tenue d'une tournée retour pour l'automne 1920.

La première rencontre a lieu le 31 octobre à Pershing. Plus de 10 000 personnes font le déplacement pour assister au premier match international de football féminin jamais disputé en France. Bousculées par des adversaires plus à l'aise dans le maniement et le contrôle du ballon, les Françaises quittent la pelouse sur un score de parité (1-1) grâce à une frappe puissante signée Madeleine Bracquemond. Les deux camps se retrouvent dès le lendemain sur la pelouse du stade Jean Dubrulle, à Roubaix. Les Dick, Kerr Ladies prennent le contrôle des débats dès le coup d'envoi et, malgré les efforts admirables de Louise Ourry, s'imposent 2 buts à 0. Il y aura ensuite Le Havre, le 6 novembre, au stade de la Cavée verte, et Rouen, le 7, sur le nouveau terrain du Beauvoisine FC. Deux face-à-face très disputés mais qui, là encore, tournent à l'avantage des visiteuses, moins rapides mais plus scientifiques dans leur approche du jeu, ce qui leur permet de l'emporter tour à tour 5-0 et 2-0.

Dès le printemps 1921, les Françaises traversent de nouveau la Manche pour aller se produire à Longton, Huddersfield, Stoke-on-Trent et Plymouth, avant de recevoir leurs adversaires au stade Pershing en octobre pour une double confrontation inédite : football et athlétisme !

En quelques mois, grâce à la complicité des Anglaises, Alice est parvenue à exporter et internationaliser un combat qui, jusqu'alors, avait eu du mal à franchir ne serait-ce que les frontières parisiennes. C'est une étape importante, mais elle est consciente que, si elle veut faire céder Coubertin, son alliance avec les Britanniques ne suffira pas. Ce qu'il lui faut désormais, c'est rallier à sa cause d'autres partenaires de jeu tout aussi prestigieuses.

7

« Nous désirons, avant tout, que notre Fédération soit dirigée et régie par des femmes. Si nous avons quelques hommes dans notre bureau, ce sont des sportsmen ardents à la cause du sport féminin et dont le passé et les qualités nous sont un sûr garant de leur dévouement. »

Alice Milliat, *L'Auto*, 10 août 1922

Au lendemain de la double confrontation France-Angleterre au stade Pershing, Alice jubile en voyant la presse s'extasier sur le « phénomène » Mary Lines. Issue comme la plupart de ses compatriotes du giron de la Regent Street Polytechnic de Londres – l'actuelle université de Westminster –, où elle suit des cours du soir en gymnastique, et serveuse dans le civil, l'athlète britannique a largement contribué au succès de la manifestation en survolant le 100 yards plat et le 300 mètres avec, à la clef, deux chronos

– 11 secondes 4/5 et 43 secondes 4/5 – à faire pâlir d'envie bon nombre de têtes d'affiche masculines. L'exploit est d'autant plus retentissant qu'à bientôt vingt-huit ans Mary Lines reste relativement novice en matière de compétition, sa première sortie officielle ne datant que du printemps dernier. Alignée au meeting de Monte-Carlo avec une poignée de compatriotes, elle s'était alors illustrée en sprint et en longueur, ce qui n'avait pas manqué d'impressionner les journalistes présents. Bien que sept mois aient passé depuis, force est de constater que l'intérêt qu'ils nourrissaient à son endroit est intact : en cette fin octobre 1921, elle est, une fois de plus, l'objet de toute leur attention – ce qui réjouit Alice, même si elle aurait aimé un peu plus de considération pour les performances des Françaises. Sur les dix-huit athlètes retenues par la FSFSF, trois se sont particulièrement distinguées, dont Evelyne Welker, seule à avoir résisté à l'omniprésente Mary Lines en lui volant la vedette au saut en longueur, Marguerite Rillac, devant l'Anglaise Hilda Hatt sur le 100 yards haies, et la jeune Lucie Bréard, dix-neuf ans, créditée d'une retentissante victoire en solitaire sur 1 000 mètres.

La réussite globale de cette première confrontation athlétique féminine entre la France et l'Angleterre, impeccable du point de vue de l'organisation comme des résultats, vaut également à Alice un joli concert de louanges auquel elle ne s'attendait absolument pas. D'ordinaire prompts à la critique, particulièrement lorsqu'il s'agit de sa personne, les gazetiers semblent cette fois-ci unanimes pour reconnaître et saluer ses fantastiques talents de logisticienne et son redoutable aplomb. Cet état de grâce va perdurer le jour suivant avec l'annonce, dans la presse, de la création de la Fédération sportive féminine internationale (FSFI), un nouvel organe de gouvernance dont elle est à l'initiative et qui a la particularité d'être le premier à régir le sport féminin à l'international. À ce stade, cette « super-fédération » peut déjà se targuer de réunir cinq pays – la France, les États-Unis, l'Angleterre, la Tchécoslovaquie et l'Espagne –, un chiffre qu'Alice espère rapidement voir grimper à huit, la Suisse, la Yougoslavie et la Chine ayant donné leur accord de principe pour rejoindre ses rangs. Cela fait des mois qu'elle travaille secrètement à ce projet, sans nul doute le plus ambitieux qu'il lui ait été donné de mener dans sa carrière de dirigeante.

L'idée a commencé à germer dans son esprit lors des premières rencontres entre l'équipe de France et des sportives étrangères. L'accélération du développement du sport féminin un peu partout dans le monde a achevé de la convaincre de la nécessité de chapeauter ces mouvements épars sous une seule et même bannière. Épaulée par Émile Anthoine, ancien recordman du monde du 20 et du 50 kilomètres marche et membre du conseil de la FSFSF – que d'aucuns soupçonnent d'avoir été son compagnon –, Alice a commencé à donner vie à son ambitieux dessein en initiant un rapprochement avec les États-Unis par le biais des responsables du National Women's Track Athletics Committee. À l'instar de la Fédération des sociétés féminines sportives de France, ce regroupement est né du désintérêt des instances masculines pour le sport féminin. Lasses du peu de crédit qui leur était accordé, ces dames ont décidé de faire cavalières seules et cela va bientôt faire six ans que le NWTAC, fondé et dirigé par le docteur Harry Eaton Stewart, s'occupe de leur organiser des rencontres scolaires et universitaires.

Le soutien des États-Unis garanti, Alice s'est tournée dans un deuxième temps vers la Grande-Bretagne. Même si le pouvoir sportif féminin est encore officieux de ce côté de la Manche – il n'existe pas, à proprement parler, de fédération nationale au moment où elle engage les premières tractations –, l'Angleterre reste à ses yeux une alliée incontournable pour qui veut s'imposer sur l'échiquier mondial. Fort heureusement, les relations nouées à la faveur des récentes épopées footballistiques franco-britanniques ont permis de bâtir des ponts solides entre les deux pays.

La troisième nation à accepter de rejoindre l'aventure a été la Tchécoslovaquie, dont la réputation en matière d'éducation physique n'est plus à faire. Ses habitants se réunissent depuis plus d'un demi-siècle dans ce qu'ils appellent des sokols, ces intrigantes sociétés gymniques patriotiques au sein desquelles ils cultivent leur corps et leur identité slave. Malgré leur attachement prononcé pour ce patrimoine, les Tchécoslovaques, emboîtant le pas à nombre de leurs voisins européens, ont commencé à amorcer eux aussi un virage plus sportif, qui conduit progressivement un grand nombre de Sokols et Sokolettes à déserter les gymnases au profit des stades.

Alice a conclu sa fructueuse opération de prospection par des tractations avec l'Espagne. Le pays est certes moins prestigieux sur le papier que ses trois premières prises – la situation sportive est traditionnellement moins avancée dans les pays du Sud qu'elle ne l'est dans ceux du Nord –, mais les quatre journées de « propagande » qu'elle avait organisées peu de temps auparavant à Madrid, Valladolid et San Sebastián l'avaient malgré tout convaincue de son potentiel et, par conséquent, de la nécessité de le rallier à sa cause.

Une fois les fondations de la Fédération sportive féminine internationale posées, il restait une dernière formalité : réunir les potentiels partenaires afin d'entériner leur entente avant de l'officialiser. Ce congrès de constitution aurait lieu à Paris. Alice a arrêté la date au 31 octobre 1921, le lendemain du double match franco-anglais de Pershing – qui sera survolé par Mary Lines –, afin de s'assurer de la présence des officiels britanniques. Trop éloignés, les Américains et les Espagnols n'ont ni le temps, ni les ressources financières nécessaires à un si long périple pour une seule journée de travail, ils se contenteront donc de prendre part aux débats par procuration.

Le jour dit, tout le monde est attendu au 14 boulevard des Italiens, dans le neuvième arrondissement, et c'est Pierre Payssé qui, à 10 heures, est le premier à pénétrer dans la salle. Au moment de l'accueillir, Alice est au comble de l'émotion : il y a sept ans à peine, elle poussait la porte de Fémina ; aujourd'hui, elle s'apprête à donner naissance à la première fédération internationale du sport féminin. Le chemin parcouru en si peu de temps lui semble vertigineux, et si elle en est en arrivée là, c'est en partie à cet homme qu'elle le doit. Troublée, elle l'observe du coin de l'œil tandis qu'il engage la discussion avec Smejkal, le porte-voix de la Tchécoslovaquie, arrivé entre-temps. L'entrée opportune de Houghton et Holmes, les représentants de l'Angleterre, l'aide à retrouver un semblant de contenance, et c'est une Alice de nouveau maîtresse d'elle-même qui se porte ensuite au-devant de son dernier hôte : Fabio Orlandini, collaborateur de la *Gazzetta dello Sport* et correspondant en Italie de *L'Écho des sports*, spécialement arrivé la veille au soir de Milan pour évoquer une possible adhésion de la péninsule.

Alice ouvre cette réunion inaugurale en rappelant le but poursuivi par la Fédération sportive féminine internationale : administrer à l'échelle de la planète l'ensemble des sports pratiqués par les femmes. Désormais, et aussi longtemps que leur alliance perdurera, c'est à la Fédération que reviendra la responsabilité de gérer, au niveau mondial, l'athlétisme, le cross-country, le hockey, le football et le basket, disciplines auxquelles s'ajouteront, à la demande de Smejkal, le hazéna, un jeu collectif très populaire en Tchécoslovaquie. Après un vote favorable, les sports nautiques, activités généralement régies par des associations masculines, seront également intégrés au giron fédéral – à condition de trouver un accord avec les fédérations masculines.

Arrive ensuite une question autrement plus délicate, celle de la gouvernance. Le secrétariat et la trésorerie ayant été attribués à la France, certains aimeraient que la présidence de la FSFI revienne à une autre nation. Émile Anthoine estime, pour sa part, qu'il est impératif de l'attribuer à un homme, afin de faciliter les pourparlers à venir avec des interlocuteurs possiblement moins ouverts d'esprit que ceux réunis dans cette salle. Alice, qui se verrait bien endosser cette responsabilité, est évidemment très loin de partager cette opinion. La FSFSF a bien montré que le sport féminin a tout à gagner à être dirigé principalement, voire exclusivement, par des femmes. Lorsqu'Alice a été élue à sa tête, un peu plus de deux ans auparavant, le bureau était mixte. Il est devenu intégralement féminin quelques mois plus tard, sur proposition de l'un des vice-présidents,

Ernest Weber, et il n'est personne depuis pour s'en plaindre : la Fédération s'est agrandie – elle compte désormais presque soixante-dix clubs – et développée, notamment grâce à la multiplication des sorties en province et à l'étranger.

Faute de consensus, le choix de la direction est finalement remis à plus tard.

Lorsqu'elle quitte la salle du 14 boulevard des Italiens après avoir raccompagné ses invités, Alice exulte. Le sport féminin existait au niveau national, il existe désormais au niveau international. Prochaine étape : son introduction aux Jeux olympiques, consécration suprême, la seule véritablement capable de valider définitivement son existence et sa portée. C'est donc sans hésiter que, deux ans après avoir tenté sa chance auprès de Pierre de Coubertin, Alice lui adresse une deuxième demande d'admission, formulée, cette fois, non plus au nom de la FSFSF, mais de sa toute nouvelle grande sœur, la FSFI. Malheureusement, cette petite évolution, signe d'une grande révolution, n'est toujours pas de taille à émouvoir le baron. Comme en 1919, ce dernier oppose un refus catégorique : les femmes athlètes n'étaient pas les bienvenues à Anvers en 1920, elles ne le seront pas davantage à Paris en 1924.

Ce deuxième affront est difficile à encaisser pour Alice, mais elle n'est désormais plus seule à se battre. Le président du CIO ne veut pas des sportives aux

Jeux ? Qu'à cela ne tienne, elles organiseront leurs propres Jeux, cent pour cent féminins. Alice se lance à corps perdu dans cette entreprise et s'empresse de fixer une date : la première édition des Jeux olympiques féminins se tiendra l'année suivante, le 20 août 1922, et c'est Paris, terre d'accueil des JO de 1924, qui est désignée ville hôte – Coubertin appréciera.

8

« En préconisant des Jeux purement féminins, nous sommes dans la tradition : nous ne les avons pas créés mais rénovés. Les Jeux féminins remontent au VIe siècle avant notre ère. Ils s'appelaient "Héraia" ou "Héraclées" du nom de la déesse Héra, une des épouses de Zeus, polygame notoire. Ils ne coïncidaient jamais avec les Jeux olympiques d'où les femmes étaient exclues et étaient présidés par des prêtresses. Les erreurs de la Décadence et des siècles qui suivirent jusqu'à nous ont élevé un obstacle à notre œuvre de rénovation, mais les résultats obtenus dans le monde entier depuis la création de la FSFI doivent nous encourager à persévérer et, dans quelques années, nos Jeux féminins auront pris l'envergure souhaitée pour le plus grand bien de la cause que nous servons contre vents et marées. »

Alice Milliat, *Match*, 26 janvier 1932

Le premier réflexe d'Alice en se réveillant ce matin du 20 août 1922 est d'ouvrir les rideaux de son appartement du 3 rue de Varenne afin de vérifier qu'il ne pleut pas. À quelques heures du coup d'envoi des Jeux olympiques féminins – les premiers de l'Histoire moderne depuis la disparition des Jeux héréens –, la météo est à peu près la seule donnée qu'elle ne maîtrise pas. Il serait dommage que les averses des derniers jours viennent gâcher ce grand moment…

À 9 heures précises, les soixante-dix-sept athlètes sélectionnées inaugureront les qualifications, couronnement de plus de neuf mois intenses durant lesquels Alice a multiplié démarches et réunions afin que tout soit prêt pour le jour J. La délégation du Panama, partie début juillet, a été la première à fouler le sol français en débarquant à La Rochelle au terme d'un périple de presque trois semaines. Puis Alice est allée accueillir les Américaines à Cherbourg. Leur vapeur, l'*Aquitania*, est arrivé de New York dans la nuit du 7 au 8 août avec un léger retard dû au brouillard. Après plus d'un an d'échanges épistolaires fournis, Alice a enfin rencontré le docteur Harry Eaton Stewart, en charge d'une dizaine d'engagées dont la plus jeune, Nancy Voorhees, n'a que seize ans. Moins contraintes par la distance, Britanniques, Tchécoslovaques et Suissesses ont, quant à elles, rallié Paris dans le courant de la semaine.

Dans le camp français, l'impatience est à son comble, la nervosité aussi. L'équipe nationale a beau être en supériorité numérique – environ une trentaine de participantes –, toutes se demandent ce que

©DR

L'athlète américaine Lucile Godbold pendant
les Jeux olympiques féminins de 1922.

peuvent bien valoir leurs adversaires, et plus particulièrement ces Américaines qui mettent la presse en émoi. Quatre d'entre elles détiennent un record du monde méticuleusement répertorié par Émile Anthoine et entériné par la FSFI : Florieda Batson, la capitaine, et Camelia Sabie, reines respectivement du 60 et du 100 yards haies, Lucile Godbold pour le lancer de poids à une main et enfin Nancy Voorhees qui, bien que cadette de la bande, fait figure de femme à battre au saut en hauteur avec élan. Du costaud, certes, mais qui ne doit pas faire oublier que le collectif France a lui aussi de belles cartes à jouer.

En tant que présidente de la FFF – la Fédération féminine de France, nouvelle appellation de la FSFSF –, Alice s'est démenée pour mettre sur pied la meilleure équipe possible, en organisant non pas une mais deux séances de sélections estivales, auxquelles ont participé plus d'une vingtaine de sociétés sportives de Paris et de province. Sans surprise, les sœurs Laloz, deux des *sportswomen* les plus expérimentées du pays, sont parvenues à se qualifier, Thérèse s'adjugeant même le record du monde du 100 yards haies à l'issue du deuxième meeting de sélection – avant que Camelia Sabie ne l'améliore. Violette Gouraud-Morris, titulaire du record mondial du javelot à deux mains depuis juillet 1921, a quant à elle récemment battu celui du poids à deux mains. Pour ce qui est de la nouvelle génération, de Croze, Bréard et Lenoir, prétendantes à la sélection et détentrices des meilleurs chronos de la planète respectivement sur 250, 500 et 1 000 mètres, ont, elles aussi, validé leur participation.

Il faut toutefois se prémunir de la tentation de réduire les Jeux parisiens à une simple opposition franco-américaine. Dix mois après leur démonstration de force, les Anglaises Mary Lines et Hilda Hatt s'apprêtent à retrouver Pershing, et ni l'une ni l'autre ne se contenteront de jouer les figurantes. Sont également présentes les deux Marie Mejzlikova – la I et la II, comme précisé sur les listes –, de parfaites homonymes sans aucun lien de parenté. Une partie de l'équipe de France les connaît pour les avoir affrontées en mai dernier à Paris, lors du premier match France-Tchécoslovaquie, mais Alice met les autres en garde contre ces deux championnes qui dominent l'athlétisme dans leur pays. Et puis, il y a les Suissesses. Louise Groslimond, l'une des sept jeunes femmes retenues par la fédération helvète, est loin d'être une inconnue pour les Françaises : parisienne d'adoption, elle a exceptionnellement été autorisée à concourir pour son pays natal. Le temps d'une journée, ses coéquipières de Fémina deviendront ses rivales, et elle n'a pas l'intention de leur faire de cadeau. Toutes ces têtes d'affiche permettent à Alice de se prévaloir d'un plateau qui non seulement n'a rien à envier aux meetings masculins les plus prestigieux, mais augure la réussite sportive de ces Jeux féminins avant même le début des épreuves.

Une première victoire qui ferait presque oublier à la toute nouvelle présidente de la FSFI – Alice a été élue par acclamation, c'est-à-dire sans qu'un scrutin soit nécessaire, deux jours plus tôt, lors du deuxième congrès de la Fédération – le coup tordu que lui a réservé le Comité olympique français (COF) deux semaines auparavant. Pourtant informés du programme de la grande réunion de Pershing depuis au bas mot six mois, ces messieurs n'ont rien trouvé de mieux que de lui demander de renoncer à l'usage du qualificatif « olympique », alors même que les murs de Paris étaient déjà recouverts d'affiches annonçant les Jeux féminins et que les prospectus imprimés pour l'occasion avaient tous été distribués. Cette requête, amicale selon leurs dires, a été suivie de près par un communiqué adressé à toute la presse française dans lequel ils décrétaient la dénomination « Jeux olympiques féminins » illégitime. De quel droit ? Alice serait bien en peine de le dire et il y aurait fort à parier que ses camarades du COF aussi. Ce qui est certain, c'est que ces sombres manœuvres, pensées pour la discréditer, n'ont pas eu l'effet escompté. Même si la plupart des journalistes ont entendu, voire souscrit à la démarche du Comité, estimant qu'une manifestation d'ampleur ne devait pas systématiquement être flanquée du titre olympique, ils n'ont pas manqué de critiquer la manière et surtout de dénoncer le timing.

Ce matin du 20 août 1922, c'est donc contre l'avis du COF mais avec la bénédiction des rédactions qu'Alice inaugure fièrement les premiers Jeux olympiques féminins contemporains. Deux autobus gracieusement mis à disposition par la Ville de Paris ont été affrétés pour faciliter le déplacement des athlètes jusqu'au stade Pershing, au cœur du bois de Vincennes, à l'est de Paris.

Parties à 7h45 de la place de la Bourse, aucune d'entre elles ne manque à l'appel quand, soixante-quinze minutes plus tard, Émile Vylé, l'incontournable speaker de boxe, bat le rappel des candidates pour le premier tour de la hauteur avec élan. Nancy Voorhees, l'Américaine, met d'emblée la concurrence au pas en devançant les Anglaises Hatt et Lowman, ainsi que la Strasbourgeoise Cécile Gerner. Il y aura en tout et pour tout six autres épreuves au cours de la matinée, un tour de chauffe qui, globalement, penche largement en faveur des filles du docteur Stewart : Voorhees, Sabie, Godbold et Elizabeth Stine n'ont laissé que des miettes à leurs concurrentes. Par bonheur pour le clan britannique, Mary Lines et Alice Cast sont parvenues à sauver l'honneur en dominant les deux séries du 300 mètres. Jolie réussite également du côté des Suissesses : avec un jet à 43,24 mètres, Francesca Pianzola surclasse de presque 2,50 mètres ses adversaires aux éliminatoires du javelot. Pour les Françaises, en revanche, les débuts olympiques s'avèrent compliqués. Bien qu'elles aient réussi à placer au moins une représentante en finale de chaque discipline – sauf en longueur avec élan –, l'aventure a tourné court pour la plupart d'entre elles.

Cette prestation en demi-teinte n'empêche pas Alice de rester confiante : rien n'est perdu et, surtout, ce démarrage poussif semble n'avoir pas douché l'ardeur des spectateurs. Épars dans la matinée, le public commence à arriver en masse vers 13 heures. Lorsque 14 heures sonnent à l'horloge de Joinville toute proche, l'affluence est telle qu'Alice doit recourir en urgence au service d'ordre afin de barrer l'accès à la grande tribune, désormais pleine à craquer, et rediriger les détenteurs de billets vers les gradins. À en croire les journaux, ils seraient 20 000 à avoir fait le déplacement – aucun rassemblement masculin ne peut se targuer d'une telle audience cette année-là !

Si le succès populaire se confirme, Alice s'agace du léger retard pris sur le programme initial : le défilé des nations s'apprête à débuter une bonne demi-heure plus tard que prévu, ce qui promet de rallonger d'autant une journée déjà bien chargée. Même si trente minutes peuvent paraître anecdotiques, aucun accroc ne saurait être toléré ce jour, Alice l'a dit et redit à son entourage, il en va de la crédibilité de la Fédération féminine de France et, au-delà, de l'avenir du sport féminin. Qu'un autre grain de sable vienne enrayer la mécanique olympique, et elle peut être certaine d'avoir non seulement la presse mais aussi l'ensemble de l'assistance à dos. Mais le mal est fait, il ne reste plus qu'à espérer que les performances de l'après-midi soient à hauteur de celles de la matinée afin que cette anicroche soit vite oubliée.

Il est donc 15 h 00, et non 14 h 30, lorsque les cinq équipes – le Panama et les États-Unis, à la demande de ces derniers, font équipe commune – se positionnent à l'entrée de la piste. Les Suissesses, rassemblées derrière leur drapeau national, entament leur tour d'honneur, accompagnées de l'orchestre militaire du 89e régiment d'infanterie. Vêtues d'un maillot rouge frappé d'une croix blanche, elles ponctuent leur défilé de leur cri de ralliement, « Suisse, Suisse, Suisse ! », avant de s'arrêter à hauteur de la tribune principale. Alice y siège en bonne place aux côtés d'Henry Paté, le haut-commissaire à l'éducation physique au ministère de la Guerre, et des ambassadeurs des pays engagés. Elle ne perd pas une miette de ce spectacle qui se joue à quelques mètres en contrebas.

Ce sont ensuite les Tchécoslovaques qui prennent le relais. Blouses et culottes bleu foncé, elles scandent des « *Zdar, zdar, zdar, nazdar!* » – que les journalistes traduisent par « Bonheur, bonheur, bonheur, soyez heureux ! » –, le salut traditionnel des Sokols et Sokolettes. Alice les accompagne du regard avant de reporter son attention sur les Américaines, blouses blanches flanquées d'un écusson étoilé, et les Anglaises, hauts blancs et culottes noires, dont les « *A-A-A, USA!* » et les

« *WAAA, England!* » enthousiastes semblent résonner dans tous les recoins du stade.

Quand vient le tour des Françaises, la présidente de la FSFI sent un frisson parcourir les gradins. Massées derrière l'Alsacienne Louise Noeppel, porte-drapeau d'un jour, les athlètes, habillées de bleu clair, ferment bravement la marche en entonnant de concert des « F-F-F, France ! » chers au cœur d'une assemblée volontiers chauvine. La parade terminée, le chef de file hurle « À droite toute ! Alignement ! » et les filles, sagement groupées en cinq files distinctes, se tournent simultanément vers les officiels. D'un geste sec, il fait ensuite signe à Paulette de Croze de s'extirper des rangs. Alice, qui a quitté sa place, vient à sa rencontre en bordure de cendrée. Le moment est historique et Pershing retient son souffle. Il n'y a plus un bruit, pas même un murmure pour venir troubler le silence lorsque Paulette de Croze, frêle silhouette perdue dans cette enceinte immense, sollicite de sa voix claire « l'ouverture des premiers Jeux olympiques féminins du monde ».

Alice s'autorise quelques secondes pour profiter de cet instant qui lui paraît comme suspendu, presque figé, hors du temps. Jamais jusqu'à présent il ne lui a été donné de vivre une situation aussi forte. Ce face-à-face avec Paulette symbolise l'apothéose de sa carrière, la consécration de son parcours, le point culminant d'un combat qu'elle mène depuis près de sept ans. Ses pensées vont à Pierre Payssé et aux sportives de la première heure, à ses parents, à son frère, à sa sœur, à Joseph, aux Gulbenkian et, plus furtivement, à Lafreté, Coubertin et leurs semblables. Un ultime coup d'œil autour d'elle pour graver la scène dans sa mémoire, et elle plonge ses yeux dans ceux de la sociétaire du Racing Club : « Je proclame ouverts… les premiers… Jeux olympiques féminins du monde ! »

La foule exulte. Journalistes et opérateurs ciné, venus filmer pour les actualités, se ruent sur Alice afin de lui arracher quelques mots. Les reporters américains s'activent pour rédiger les dépêches qu'ils câbleront à New York grâce au télégraphe réclamé par l'Associated Press. Au centre de la piste, Émile Vylé, armé de son porte-voix, hurle le nom des concurrentes du 100 yards haies. « Pour la première série du 100 yards haies, j'appelle Miss Baston pour les États-Unis. » Applaudissements à tout rompre. « Mademoiselle Geneviève Laloz pour la France. » La ferveur grimpe d'un cran. « Troisième concurrente, miss Wright pour l'Angleterre et, au couloir numéro 4, miss Havlikova pour la Tchécoslovaquie. » Tandis que les athlètes prennent place, la foule redevient silencieuse.

« À vos marques, prêtes ? » Le coup de revolver du starter claque.

Première épreuve, première sensation : Thérèse Laloz chute sur l'avant-dernier obstacle et laisse Camelia Sabie et Hilda Hatt se qualifier pour la finale. Dans la foulée, Nancy Voorhees s'adjuge la première couronne de ces Jeux féminins en remportant l'épreuve de hauteur avec élan. Le petit prodige fait retentir l'hymne américain au cœur du bois de Vincennes, pendant que les responsables du protocole hissent le drapeau national en haut du mât d'honneur.

Ce cérémonial extrêmement bien rodé va se répéter pour Lucile Godbold, victorieuse au poids, et Camelia Sabie, championne de la longueur sans élan et du 100 yards haies. Un quasi-sans-faute de la part des Américaines, qui vont toutefois progressivement laisser la vedette aux Anglaises : Lines décroche le graal sur le 300 mètres plat et la longueur avec élan, et Callebout est récompensée sur le 100 yards. Côté tchécoslovaque, on se délecte du triomphe de Marie Mejzlikova II, presque aussi rapide, avec ses 7 secondes $\frac{3}{5}$ sur 60 mètres, qu'André Mourlon, le meilleur sprinteur de France. Même jubilation dans le clan suisse grâce à la confirmation de Francesca Pianzola au javelot.

Pour les Françaises, l'heure n'est toujours pas à la fête. Les deuxièmes places de Violette Gouraud-Morris au poids et d'Yvonne Gancel au javelot sont appréciables mais ne satisfont pas leurs ambitions, encore moins celles des milliers de visiteurs venus les soutenir. Il y a de la frustration dans l'air. Sans victoire française d'ici la fin de journée, ces Jeux risquent de souffrir d'un petit goût d'inachevé. Seules Lucie Bréard et Georgette Lenoir, engagées sur

1 000 mètres – l'ultime épreuve individuelle au planning –, sont encore en mesure de sauver l'honneur.

Le départ est donné, sous les yeux attentifs d'Alice et du public. Malheureusement, l'entame de course des Françaises n'est pas des plus engageantes. Il faut attendre la fin du premier tour pour que l'espoir renaisse. Les deux milleuses réussissent à se porter aux avant-postes et font jeu égal, jusqu'à ce que Lenoir se détache nettement à 500 mètres de l'arrivée. Mais Bréard relance le suspense dans la dernière ligne droite. Les deux coéquipières sont désormais au coude-à-coude, et tout le stade se lève comme un seul homme pour accompagner leurs dernières foulées. La victoire va se jouer dans les quarante derniers mètres. Bréard se fend d'un ultime effort pour placer une de ces accélérations qui ont fait sa renommée, et Lenoir n'y survit pas. La jeune Lucie Bréard, pas encore vingt ans, passe la ligne en tête, Georgette Lenoir sur ses talons.

Pershing, qui n'attendait que ça, s'embrase. Hommes et femmes crient sans plus aucune retenue et tapent des pieds à en faire trembler les gradins. Alice, que sa fonction contraint à une diplomate réserve, se contente de savourer intérieurement, sans rien laisser paraître des sentiments qui la traversent. Et pourtant, quelle émotion ! Elle est à la fois fière et soulagée, impressionnée aussi, elle se sent vidée, elle a envie que la journée se termine et en même temps qu'elle ne s'arrête jamais... Tandis qu'elle essaie tant bien que mal de se donner une contenance, le public, lui, continue à fêter bruyamment la seule et unique victoire française en réclamant un tour d'honneur. Lucie Bréard s'exécute au son de *La Marseillaise*, dont Alice se désespérait d'entendre ne serait-ce qu'une note.

En fin de compte, la France termine troisième d'un classement des nations dominé par l'Angleterre et les États-Unis, un résultat qui participe à la réussite exceptionnelle de cette première édition des Jeux olympiques féminins. L'avenir, Alice en est certaine, s'écrira désormais avec les femmes sportives, et chaque 20 août leur rappellera, lui rappellera, ce jour béni où elles ont prouvé au monde qu'elles n'avaient besoin de personne pour exister, et surtout pas du bon vouloir des instances masculines.

9

« En France, si l'on voyait évoluer sur le gazon des femmes fortement charpentées – lanceuses de poids ou de disque – ou au contraire des athlètes un peu minces ou même maigres – course ou saut –, la foule serait certainement portée à leur décocher des plaisanteries de mauvais goût. Le sport féminin n'est pas encore fait pour la grande foule, du moins chez nous. Tous nos efforts doivent tendre d'abord à former des athlètes avant que d'éduquer des spectateurs. »

Alice Milliat, *L'Auto*, 10 février 1928

Depuis sept ans qu'elle s'investit dans le développement du sport féminin, Alice a pris l'habitude de commencer ses journées par de la lecture. Tous les matins, elle s'oblige à parcourir les journaux à la recherche d'éventuels comptes-rendus consacrés au sport féminin, un exercice pas toujours agréable mais avec lequel elle n'a jamais transigé. Jamais, jusqu'à cette fin août.

Cinq jours ont passé depuis la glorieuse manifestation de Pershing et elle n'a toujours pas ouvert la moindre feuille de chou. Ce n'est pas qu'elle redoute de découvrir ce que les reporters en ont pensé, elle est même plutôt confiante, mais elle n'a pas envie de vivre ce moment en solitaire, comme elle le fait d'ordinaire. Après y avoir méticuleusement réfléchi, elle a choisi Pierre Payssé, le partenaire des débuts, pour lui tenir compagnie en cette occasion spéciale. Tous deux ont convenu de se retrouver tôt ce vendredi matin au siège de la Fédération. Les locaux, modestes et discrets, sont situés au fond d'une cour toute en longueur, au 17 rue du Faubourg Montmartre, en plein cœur du bouillonnant quartier de la presse que les Parisiens ont baptisé à la fin du XIXe siècle « République du Croissant », d'après le nom de l'une des rues qui le bordent et où Jean Jaurès, le fondateur de *L'Humanité*, a été assassiné en 1914.

Une fois sortie du métro, Alice se met en quête d'un kiosque pour acheter les parutions du matin – *Le Journal*, *Le Matin*, *L'Écho de Paris*... – disponibles dès 5 heures, après leur sortie des gigantesques rotatives en action de jour comme de nuit dans les imprimeries alentour. Fébrile, elle grimpe en vitesse les trois étages qui mènent à son bureau et s'empresse de jeter les journaux fraîchement imprimés sur la pile déjà conséquente qui l'attend, bien en évidence à côté de sa machine à écrire. L'odeur d'encre qui emplit soudainement la pièce attise un peu plus encore son impatience, et lorsque Pierre Payssé la rejoint enfin, elle le rudoie gentiment avant de s'immerger dans la lecture.

Contrairement à ce qu'elle avait espéré, les journalistes ne sont pas tous tendres avec ses Jeux olympiques féminins. Le léger retard pris lors des qualifications est mentionné partout avec plus ou moins d'indulgence, notamment par le rédacteur de *Comœdia* dont Alice ne goûte que moyennement l'humour lorsqu'il clame que « les femmes seront toujours en retard » pour critiquer « une organisation quelquefois prise au dépourvu ». Son humeur s'assombrit un peu plus encore lorsqu'elle découvre le récit de l'envoyé spécial d'*Excelsior*. Indigné par la tenue d'un 1 000 mètres féminin, ce dernier désapprouve vigoureusement le spectacle donné par des concurrentes à bout de force et s'insurge que la plupart aient dû être évacuées sur civières une fois la ligne d'arrivée franchie. Certes, quelques filles se sont laissées tomber sur la cendrée à l'issue de leur course mais, même si ce comportement est à proscrire car il est vulgaire, aucune n'a été victime de malaise ! Pour Alice comme pour Pierre Payssé, ces affabulations ne sont rien d'autre qu'une tentative grossière de justifier les éternels discours sur la supposée incapacité des femmes à produire des efforts physiques conséquents, une rhétorique nauséabonde et sans fondement à laquelle, malgré les années, elle ne parvient toujours pas à s'habituer.

Les écrits de Géo André vont faire définitivement voler en éclat la belle sérénité avec laquelle elle avait abordé cette revue de presse. Le double médaillé olympique – il a décroché l'argent à la hauteur classique à Londres en 1908 et le bronze avec le relais 4×400 mètres à Anvers en 1920 – et ancien recordman d'Europe du 110 et du 200 mètres haies livre dans les colonnes du *Miroir des sports* ce qu'elle estime être la charge la plus violente portée à l'encontre de ses Jeux féminins. Non content de médire à son tour sur une organisation « qui laissa beaucoup à désirer » et conduisit « à commencer avec un retard on ne peut plus considérable », Géo André regrette amèrement que « beaucoup trop de gens parmi le public n'aient eu d'yeux que pour jambes et cuisses nues et non point suffisamment pour le geste accompli », geste qu'il considère d'ailleurs sans grâce – « les performances furent au-dessus de l'esthétique » –, ce qui, se lamente-t-il, a évidemment nui à la qualité de la réunion. « Mais pour qui se prend-il ? » maugrée Alice en poursuivant la lecture de ce pamphlet à charge, qui se conclut par un conseil enjoignant « l'élément féminin à modérer ses ardeurs » en acceptant de renoncer, dès à présent, aux courses au-delà de 300 mètres et à la compétition afin de ne pas être tenté de « brûler les étapes qu'eux, les sportifs hommes, ont mis si longtemps à gravir ». Cela ne manquerait pas de « lui être préjudiciable ».

Alice bouillonnait déjà, mais cette dernière phrase la fait bondir de son siège et réduire le *Miroir des sports* en une boule informe. « Que les habituels discoureurs et les plumitifs en tout genre nous donnent des leçons, Pierre, passe encore. Leur opinion n'est de toute façon fondée sur rien de sérieux, mais voilà qu'une autre catégorie émerge à présent, à laquelle nous n'avions pas pensé, celle du champion qui tolère que les femmes s'exercent dans toutes les disciplines sportives, sauf la sienne... Je ne peux pas laisser passer ça. » Elle enchaîne, singeant le chroniqueur : « Qui sont ces femmes qui prétendent pouvoir briller dans une discipline où *moi*, le grand Géo André, je me suis distingué ? » Cette explosion, aussi soudaine qu'inattendue, dévoile une facette de la personnalité d'Alice que Pierre Payssé n'aurait jamais pu soupçonner. La femme sérieuse qu'il connaît depuis 1914, année de son arrivée à Fémina, la combative qui a pris les rênes du club et n'a pas hésité à le suivre dans l'aventure fédérale, cette Alice-là, rigide, autoritaire, toujours dans le contrôle, peut aussi se montrer vulnérable, spontanée, fougueuse même.

Le fondateur de Fémina trouve à la fois curieux et rassurant qu'après des années de lutte ce genre de réquisitoire puisse encore atteindre Alice. Cela signifie que les attaques et les coups bas dont elle est régulièrement la cible ne sont pas parvenus à éteindre le feu sacré qui l'anime et qu'elle dissimule habituellement sous un épais masque d'austérité.

Ce n'est d'ailleurs pas là le seul mérite involontaire de Géo André : en discréditant ses Jeux olympiques féminins, il lui a permis de comprendre qu'elle allait devoir impérativement revoir sa copie pour imposer la femme sportive. Faire grossir les rangs des sociétés féminines ne suffit pas. Si l'on veut révolutionner les mœurs et non se contenter de les faire évoluer, il faut en finir avec ce vieil esprit de domination qui se transmet de mâle en mâle depuis la nuit des temps et continue de sévir avec une vigueur intacte. C'est à lui que les femmes doivent de n'être considérées que comme des objets utiles et agréables aux hommes, or le sport, en les éloignant de leur foyer, les détourne de cette fonction, ce qui explique les efforts désespérés de Géo André et des autres pour leur barrer l'accès aux stades. Cela se passe en France, mais aussi en Angleterre : dans cette île qui les a fêtées comme des reines lors de leur première tournée internationale deux ans auparavant, les footballeuses n'ont désormais plus le droit d'emprunter les terrains gérés par la Fédération de football-association masculine.

Lorsqu'elle travaillait à l'organisation de ses Jeux, Alice étaient persuadée que ceux-ci marqueraient une rupture franche et installeraient à coup sûr les femmes dans le paysage sportif. Désormais, elle se rend compte qu'il faut aller encore plus loin. Leur insolente réussite a eu pour effet de raviver l'hostilité de leurs opposants, mais aussi celle des instances dirigeantes masculines jusqu'à présent globalement indifférentes à leur égard. La mésaventure révoltante des footballeuses anglaises n'est qu'un exemple parmi d'autres de cette hostilité et les initiatives de ce genre risquent bien de se multiplier.

La Fédération internationale d'athlétisme amateur (l'IAAF pour son sigle anglais) manœuvre, à ce propos, depuis la fin juillet pour prendre la direction pleine et entière de l'athlétisme géré, en partie, par la Fédération sportive féminine internationale... C'est Sigfrid Edström, son ombrageux président, qui a eu cette idée lumineuse. Ce Suédois de cinquante et un ans, grand admirateur de Pierre de Coubertin, est capitaine d'industrie dans le civil. Étudiant, il a connu de petits succès sur piste qui l'ont motivé, quelques années plus tard, à accepter la gouvernance de la Fédération nationale d'athlétisme de son pays, avant de proposer sa déclinaison internationale. Directeur puis vice-président du comité d'organisation des Jeux olympiques de 1912 à Stockholm, il siège également depuis 1921 au Comité international olympique. Alice et lui se connaissent un peu pour s'être rencontrés lorsque la première construisait les fondations de la FSFI. Cette entrevue, cordiale au demeurant, n'avait pas eu de suite : sans considération pour les femmes athlètes, Edström lui avait refusé son concours. Il semblerait que les Jeux de 1922 l'aient poussé à revoir son jugement, car il souhaite désormais que l'athlétisme féminin intègre le giron de l'IAAF, une éventualité à laquelle Alice est fermement opposée. Cela signerait la condamnation à mort de la fédération féminine et réduirait à néant le fruit de ses années de combat. Elle n'est cependant pas fermée à l'idée d'une collaboration entre leurs deux groupements, une solution hybride qui permettrait de satisfaire les aspirations des uns sans demander aux autres de se renier. Edström doit comprendre que c'est là une question de respect, d'honnêteté aussi.

Le mouvement sportif féminin s'est construit seul et se suffit à lui-même, qu'aurait-il à gagner à renoncer à cette liberté chèrement conquise ? Alice connaît la réponse : rien. D'autant plus que le Suédois, farouche opposant à l'intégration des femmes aux Jeux, prévoit de leur interdire les manifestations en public. S'il était à la tête d'une Fédération athlétique unique, ces dames ne pourraient plus se produire devant des inconnus, uniquement devant leurs familles et leurs amis. L'autre réforme chère à Edström concerne les championnats internationaux. Sous sa gouvernance, la participation à ce type de réunions serait limitée à deux pays, trois au maximum, menace à peine voilée à destination des Jeux féminins, dont la deuxième édition, prévue pour 1926, est supposée rassembler un nombre de nations autrement plus conséquent qu'à Paris.

Alice n'en a pas l'habitude, mais elle a conscience qu'elle va devoir se montrer conciliante si elle veut préserver les acquis des sportives et empêcher le patron de l'athlétisme mondial de nuire. Fine stratège, elle se déclare prête à céder sur le sujet des manifestations en audience privée, mais à une condition : se mettre d'accord sur le volet financier de cette mesure. Après tout, organiser des matches, des meetings, louer des terrains, investir dans du matériel, tout cela a un coût qui ne peut, hélas, être supporté par les maigres subsides que leur allouent les pouvoirs publics. Une fois que le président de l'IAAF aura trouvé une solution pour remplir les caisses sans compter sur les recettes générées par les entrées dans le stade, elle lui assurera son concours... Il pourra également compter sur elle pour dissuader les femmes de prendre part aux Jeux olympiques. Elle qui s'est démenée corps et âme pour tenter de convaincre Pierre de Coubertin de les y inviter opère une volte-face spectaculaire mais mûrement réfléchie pour sauver l'athlétisme féminin. Depuis le 20 août 1922, les femmes ont gagné leur indépendance sur le plan sportif, elles n'ont plus aucune raison de quémander une troisième fois au CIO un geste qui ne viendra pas.

10

« Les hommes qui s'intéressent au sport masculin ne se rendent pas compte qu'ils pourraient servir leur propre cause en donnant quelque intérêt au sport féminin ; ils se cantonnent dans l'éternel égoïsme masculin… Au surplus, il faut considérer que le sport féminin, du point de vue purement national, est un "outil" de propagande aussi puissant que le sport masculin. »

Alice Milliat, *Les Cahiers de la République des lettres, des sciences et des arts*, 15 mai 1927

« C'est un échec retentissant ! » La réponse d'Alice aux journalistes qui l'interrogent en ce début d'année 1923 au sujet de la tentative de mainmise de Sigfrid Edström sur l'athlétisme féminin est sans équivoque. À l'heure où l'International Boxing Union menace d'interdire les combats de boxe féminins, elle irait même jusqu'à dire qu'elle vient de mettre le Suédois au tapis par knock-out. Son aplomb face à la presse n'empêche pas une certaine méfiance : il est encourageant qu'elle ait réussi à maintenir le statu quo en refusant de plier, mais cela ne signifie pas pour autant la reddition d'un adversaire qu'elle sent déterminé à les mettre sous sa coupe. Elle considère cette première offensive comme un simple tour de chauffe, un premier round, qui leur a permis de se jauger avant que l'un d'eux ne se décide à porter le coup suivant. Qui en prendra l'initiative et quand ? Alice n'en a pas la moindre idée mais elle s'y prépare tout en travaillant à une vaste campagne de propagande à destination de la province et de l'étranger. Les Jeux olympiques féminins de 1922 ont fait des émules dans le monde entier, il serait dommage de ne pas capitaliser sur ce succès pour consolider l'assise du mouvement sportif féminin. Parvenir à ses fins lui permettrait en outre d'avoir plus de poids dans les discussions lorsque le Suédois se décidera à revenir à la charge.

Le 1er mai, deux jours seulement après avoir reçu des footballeuses de Bradford, Preston et Saint Helens à Pershing pour la dix-huitième confrontation du genre entre la France et l'Angleterre, Alice met le cap sur la Tchécoslovaquie en compagnie d'une dizaine des meilleures athlètes du pays. Pour les plus aguerries d'entre elles, Lucie Prost et Lucie Petit notamment, ce voyage augure d'excitantes retrouvailles avec certaines de leurs rivales des Jeux de 1922, à commencer par les deux Marie Mejzlikova. Pour les nouvelles venues, comme Georgette Gagneux, pépite de Fémina et benjamine de l'équipe, ou Lucienne Velu, récente adhérente de La Ruche sportive, les trois meetings auxquels elles s'apprêtent à prendre part – deux à Prague et un à Brno – seront avant tout l'occasion de se tester face à des concurrentes plus expérimentées.

Une fois sur place, Alice et ses protégées mesurent l'enthousiasme énorme que suscite ce premier déplacement à l'Est. Après avoir été reçues en grande pompe à l'hôtel de ville de Prague au tout début de leur séjour, elles enchaînent les réceptions officielles organisées en leur honneur, un jour au siège des Sokols, le lendemain à la légation française. La première confrontation sportive entre les deux nations a lieu le 6 mai. Sur les huit épreuves que comporte le programme, les Françaises en remportent quatre : la hauteur avec la victoire ex aequo d'Yvonne Tembouret et de Lucie Petit, le 83 mètres haies dominé par Henriette Comte, ainsi que le 200 mètres enlevé par Lucie Prost, qui participe également au succès du relais 4×100 mètres en compagnie de Marguerite Drouard et des deux espoirs de la scène sportive française, Georgette Gagneux et Lucienne Velu.

Le deuxième volet de leur périple a lieu quatre jours plus tard, à Brno, capitale de la Moravie, où le trio Prost-Petit-Comte s'illustre encore. Georgette Gagneux, battue par Marie Mejzlikova II lors de sa première sortie, profite de l'absence de cette dernière pour remporter le 60 mètres, confirmant ainsi tout le bien qu'Alice pense d'elle.

Leur ultime rencontre sur le sol tchécoslovaque, annoncée pour le 13 mai, se joue à guichets fermés. En découvrant la foule considérable qui s'est déplacée au SK Slavia Praha Stadium afin de les voir à l'œuvre, Alice jubile : voilà qui risque de ne pas plaire à Edström, qui voudrait que les femmes se produisent exclusivement devant des audiences privées et restreintes… Galvanisée par les encouragements du public, Lucie Petit s'offre une troisième victoire consécutive à la hauteur, de même que Lucie Prost sur 200 mètres et Henriette Comte, qui égale au passage le record du monde du 65 mètres haies. Georgette Gagneux, encore trop tendre pour Mejzlikova sur 100 mètres, prend malgré tout sa revanche grâce au relais 4×75 mètres. Alignée au départ en compagnie de Lucienne Velu et des deux Lucie, Prost et Petit, elle décroche, à quinze ans, le premier record du monde de sa jeune carrière.

Bien que discrètement relayé par les médias français, l'engouement autour de ce France-Tchécoslovaquie est une preuve indéniable que l'athlétisme féminin n'a pas besoin de la tutelle masculine pour exister. La qualité du plateau, les performances doivent également permettre aux sceptiques de prendre la mesure du talent de celles qui le pratiquent.

L'été venu, Alice poursuit son ambitieuse opération de séduction en délocalisant les championnats de

France. D'ordinaire organisés à Paris, ils se dérouleront cette fois à Bourges durant le week-end du 14 juillet. Cette parenthèse régionale, la première en sept éditions, est une réussite sur tous les plans : le stade Louis Tavernier fait tribunes combles et Lucie Prost, Lucienne Velu et Georgette Gagneux, accompagnées cette fois non plus de Lucie Petit mais de Mlle Hachard, du stade Malherbe caennais, poursuivent sur leur lancée pragoise en améliorant de deux secondes leur chrono sur le relais, une performance qui leur vaut un second record du monde sur la distance à deux mois d'intervalle. La réception des Anglaises à Pershing fin septembre vient conclure, malgré la défaite française, cette fantastique saison athlétique.

Le face-à-face France-Angleterre à peine terminé, Alice se rend au Portugal début octobre, pour superviser une tournée avec ses footballeuses. C'est le *Sporting*, un journal du cru, et l'Império Lisboa, un club masculin, qui lui ont soumis cette idée quelque temps auparavant. Dans ce pays où le football est roi mais le sport féminin quasi inexistant, les deux mandataires ambitionnent, avec son aide, de se servir de l'un pour développer l'autre. Ce voyage, qui aurait pu déboucher sur une nouvelle adhésion à la FSFI, ne va malheureusement pas se passer comme prévu.

Les ennuis commencent dès leur arrivée à Lisbonne. Habituées à certains égards lorsqu'elles se rendent à l'étranger, Alice et les vingt-six sélectionnées se font méchamment chahuter par une centaine de jeunes gens venus les attendre en gare du Rossio. Encerclées, copieusement insultées par cette foule de plus en plus menaçante, elles parviennent à se réfugier dans les deux hôtels qui leur ont été réservés. Elles sont saines et sauves, mais profondément remuées par la violence de la scène qu'elles viennent de vivre. Bien qu'Alice soit la seule à maîtriser le portugais, aucune n'a eu besoin de traducteur pour comprendre que les interpellations dont elles ont fait l'objet étaient aussi violentes que vulgaires. Alice n'a jamais connu de situation aussi hostile et redoute que la suite du séjour ne lui échappe totalement. Que se passera-t-il lorsque ses deux équipes – celle de Fémina et celle de la sélection parisienne où évolue notamment Lucienne Velu – fouleront la pelouse pour le premier des quatre matches-exhibitions qu'elles se sont engagées à disputer ?

Il faudra l'intervention des organisateurs et du *Diário de Notícias*, qui a largement relayé l'affaire dans ses colonnes, pour que le clan français renoue avec une certaine sérénité dans ses rapports avec les Portugais. Après avoir été odieusement conspuées en ville, les filles sont, contre toute attente, fêtées sur les terrains, que ce soit à Coimbra, Porto ou même Lisbonne. Bien que la parenthèse portugaise s'achève finalement sur une note plutôt optimiste, les participantes ne sont pas mécontentes de rentrer chez elles.

Ce séjour sous tension a fini par créer des dissensions dans le groupe et Alice a assisté à quelques écarts de conduite qu'elle juge intolérables. Que s'est-il réellement passé au Portugal ? Impossible de le savoir, même si *Paris Soir* évoque un vent de fronde de la part des joueuses contre leur « chaperon » et une sortie non autorisée dans un dancing. Passée maîtresse dans l'art de (ne pas) communiquer, Alice a pris soin de ne rien laisser fuiter, allant même, selon *La Presse*, jusqu'à imposer l'omerta aux principales concernées. Ce qui est certain, c'est que, de retour à Paris, elle annonce son intention de diligenter une enquête afin de déterminer le degré de responsabilité de chacune pour punir les coupables. Ces mesures disciplinaires doivent également servir de déclic pour les sportives, qui ont souvent tendance à oublier que ce que l'on attend d'elles ne se limite pas à la performance et aux résultats. Faire du sport, c'est accepter la responsabilité morale qui va avec et qui engage vis-à-vis des autres pratiquantes, mais aussi vis-à-vis de la société dans son ensemble. Pour Alice, négliger cette part du contrat revient à jouer le jeu des adversaires qui, comme Sigfrid Edström, n'attendent qu'un faux pas de sa part pour mettre le mouvement sous cloche.

Désireux de se montrer impartial, le conseil de la Fédération féminine de France va prendre le temps de recevoir et d'entendre longuement toutes les protagonistes de l'histoire avant de rendre son verdict. Lorsque ce dernier tombe, c'est la consternation. Sur les vingt-six joueuses convoquées, vingt-deux écopent d'une mise au ban allant de quinze jours à six mois. La sentence est plus rude encore pour Lucienne Velu et une certaine demoiselle G. Thomas, privées de football pour deux ans.

Furieux d'avoir à se passer de leurs meilleurs éléments dans les semaines, les mois à venir, les responsables des différents clubs concernés par ces décisions sont vent debout contre la Fédération et sa présidente. Alice doit également affronter la colère des parents, qui la tiennent pour seule responsable du fiasco portugais. C'est elle qui, selon eux, n'a pas été à la hauteur de ses fonctions, c'est elle qui a failli à ses obligations en matière de sécurité et c'est elle qui, par manque de tact et d'expérience, a fait de cette expédition un cauchemar pour leurs filles. La sévérité des peines infligées ne fait qu'accentuer leur ressentiment vis-à-vis de « l'Impératrice », comme certains la désignent, et ils s'entendent pour le faire savoir par voie de presse, en l'accusant, par la même occasion, de fraude : Alice aurait été plus clémente envers certaines jeunes filles afin de s'assurer, en retour, les votes des dirigeants des clubs les plus puissants en vue des élections fédérales à venir.

Alice, pour qui 1923 avait si bien commencé, sent que le vent commence à tourner. Les attaques dont elle est la cible en cette fin d'année ne sont plus dirigées contre sa fonction, mais contre sa personne. Sa manière d'agir, jugée abrupte, ses méthodes, que l'on dit tyranniques, tout cela lui a souvent été reproché, mais jamais personne n'avait encore mis en doute sa probité. Elle qui, dans les situations tendues, avait toujours pu compter sur une poignée de fidèles prêts à arrondir les angles à sa place sent les liens se distendre peu à peu – parfois jusqu'à la rupture, comme avec Pierre Payssé, dont elle s'apprête à perdre le soutien.

Plutôt que de se remettre en cause, Alice se réfugie derrière son bilan, comme à son habitude lorsque la contestation gronde : sous sa présidence, la France est passée en cinq ans de trois clubs féminins à quatre cents, soit un peu plus de 10 000 licenciées. Il est là, le résultat concret de ses actions, mais il ne suffira pas à excuser le reste. Le petit microcosme du sport féminin réclame sa tête, la surnommant tour à tour « la dictatrice » ou « la Mussolini féminin de France » (en comparaison, « l'Impératrice » paraît presque affectueux…) : son intransigeance, son autoritarisme et son aversion pour le compromis ne passent plus.

Ce conflit, dont elle espérait qu'il se tasse rapidement, va malheureusement durer. En début d'année 1924, Fémina et La Ruche, deux des clubs les plus impactés par les sanctions post-Portugal, refusent de participer aux deux premières rencontres internationales de football qui doivent opposer la France à la Belgique dans le courant du mois de février. Le message est on ne peut plus clair : plutôt se priver d'un rendez-vous de prestige que de subir encore la loi d'Alice Milliat. Il faudra attendre le début de la saison d'athlétisme pour retrouver un semblant de paix sur le front du sport féminin. En signe d'apaisement, Fémina envoie aux championnats de France organisés à Paris quelques-unes de ses représentantes, dont Andrée Darreau, présente au Portugal, qui s'offre le record de France du 250 mètres. En septembre, soit un an après la débâcle lisboète, Alice fait appel à Lucienne Velu – apparemment peu rancunière d'avoir payé le prix fort en football – à l'occasion de la réception des Tchécoslovaques à Paris. La sociétaire de La Ruche en profite pour s'adjuger le record du monde du disque, jusqu'alors détenu par sa compatriote Violette Gouraud-Morris.

La réélection sur le fil, le mois suivant, d'Alice à la tête de la FFSF – nouvel acronyme de la Fédération – va faire voler en éclats cette fragile harmonie. Pour ses détracteurs, il ne fait aucun doute que cette élection est truquée. Les Cadettes de Gascogne et les Sportives catalanes et basco-béarnaises sont les premières à claquer la porte de la Fédération pour signifier leur désaccord. La situation se tend encore un peu plus lorsque Fémina, forte de 530 sociétaires, leur emboîte le pas. Pierre Payssé, qui reproche à la direction fédérale d'avoir eu recours à des « procédés regrettables » pour s'assurer un nouveau mandat, est sommé de s'expliquer devant le conseil. Trois heures durant, il s'attache à apporter les preuves qu'Alice aurait utilisé le pouvoir de l'Union éducative du dix-huitième arrondissement afin de voter pour elle, une pratique tout à fait légale… sauf lorsque le club n'existe plus (en l'occurrence, depuis deux ans). Et ce n'est là qu'un exemple parmi d'autres, puisqu'elle n'aurait pas hésité, non plus, à créer de nouvelles sociétés de-ci, de-là dans le seul but de s'assurer une majorité fictive. Autant de griefs qui incitent ses anciens partenaires à prendre le large, avec le projet de créer un organisme dissident pour ne plus jamais avoir affaire à elle.

11

« Notre langue, pas plus que la généralité des autres, ne possède de terme désignant à la fois, et avec précision, les deux sexes. C'est peut-être une des raisons pour lesquelles les intérêts féminins sont trop souvent sacrifiés. On ne considère plus le sens général du mot "les hommes", on lui donne seulement sa signification restreinte. »

Alice Milliat, conférence à la Sorbonne, 13 mars 1920

« Pas avant quelques mois ? Mais vous n'y pensez pas, docteur ! » Alice a beau protester, le professeur Dartigues se montre on ne peut plus clair : l'opération qu'elle vient de subir en ce début janvier 1925 est lourde, sa convalescence va prendre du temps et il est impératif qu'elle mette cette pause à profit pour se reposer. Persuadée que ses soucis de santé sont derrière elle, elle tente d'amadouer son médecin afin qu'il lui donne l'autorisation de reprendre ses fonctions à la tête de la FFSF, mais cette tentative se solde par un échec. « Il n'y a pas de négociation possible en matière de santé, madame Milliat », lui rétorque-t-il sèchement en lui rappelant qu'à son âge, quarante ans révolus, il peut être difficile de se remettre d'une laparotomie. Alice se résigne donc à réduire drastiquement ses activités et ne quitte plus que rarement son appartement de la rue de Varennes.

Contrairement à l'idée qu'elle s'en faisait, ce désœuvrement forcé n'est finalement pas pour lui déplaire. Elle qui n'a économisé ni son temps, ni son énergie au cours de ces dernières années s'est vite rendu compte que cette débauche d'activités a laissé des traces. Trois mois après son séjour à l'hôpital, elle se sent encore vide, lasse. Une lassitude physique, mais également mentale, un peu comme si toute la fatigue accumulée au cours de ses six années de présidence venait subitement de la rattraper, là, maintenant.

Bien sûr, les dissensions avec Pierre Payssé et les autres n'y sont probablement pas pour rien. À trop vouloir s'endurcir pour éviter que quiconque ait prise sur elle, Alice avait fini par devenir sourde à ses propres sensations et c'est assurément ce qui l'a conduite sur une table d'opération. Au cours d'une de leurs entrevues, son chirurgien s'était aventuré à lui demander si risquer sa vie pour des convictions avait réellement du sens. Alice, qui a d'ordinaire la répartie facile, n'avait pas su quoi lui répondre. Si Dartigues cherchait simplement à savoir si elle avait des regrets, alors la réponse était non, aucun, pas même celui de la cicatrice qui lui barre désormais l'abdomen et témoigne de la force de son engagement, gravé jusque dans sa chair. En revanche, si le but de cette conversation était de l'inciter à agir autrement pour l'amener à mieux doser ses efforts, à ralentir le rythme, le message est passé – du moins, pour le moment. Elle ne peut plus, elle ne veut plus, diriger deux fédérations et, entre la FFSF et la FSFI, entre la France et l'international, le choix s'est facilement imposé.

Sa lettre de démission est arrivée au siège de la première le 3 mars 1925, jour de conseil fédéral – une lettre courte, concise, conclue par un « ma décision est irrévocable » qui n'autorise ni les atermoiements ni la négociation. En guise de cadeau d'adieu, ses désormais anciens partenaires lui ont offert le titre de présidente d'honneur de la Fédération. Alice est soulagée d'avoir refermé la parenthèse FFSF la tête haute, sans avoir cédé à la vindicte de ceux qui réclamaient sa destitution depuis des mois, mais aussi profondément émue de ce geste, témoignage de son dévouement à cette instance qu'elle a grandement contribué à créer et développer. Grâce à ce titre honorifique, elle continuera symboliquement d'y être associée.

Cette rupture, difficile à bien des égards, ne remet nullement en cause l'envie d'Alice de continuer à servir le sport féminin. Libérée d'une partie de ses obligations, elle se consacre au développement de la Fédération sportive féminine internationale. Cette dernière continue de grossir grâce aux affiliations du Canada, de la Lituanie et de la Yougoslavie, et devrait poursuivre sur sa lancée après validation des candidatures de l'Afrique du Sud, de la Pologne et de la Finlande. Même si la FSFI n'est pas encore en mesure de rivaliser avec le CIO en termes de pays représentés, Alice voit dans ces nouvelles arrivées une aubaine à l'approche des deuxièmes Jeux olympiques féminins. Avec seulement cinq nations engagées, le rendez-vous inaugural qui s'était tenu à Paris en 1922 avait fait parler de lui dans le monde entier. En tablant sur le double de pays, l'édition de 1926 devrait avoir des retombées plus importantes encore. Ce changement d'échelle nécessite quelques ajustements.

Réunis à Paris au mois d'avril, Alice et les membres du comité de la FSFI s'accordent pour allonger la durée de la compétition, qui s'étalera désormais sur trois jours. Le programme est également étoffé et beaucoup plus ambitieux que celui de Pershing, avec un concours de plus – le lancer de disque –, ce qui portera le total des épreuves athlétiques à douze. Sur proposition de la Tchécoslovaquie, l'ajout d'un tournoi de hazéna, ce sport de ballon apparenté au handball, a été voté, tout comme la tenue du premier championnat international de basketball féminin. Ce dernier, qui devrait faire grand bruit au vu du nombre croissant de pratiquantes sur la planète, opposera trois équipes : les championnes d'Europe, les championnes du Canada et les championnes des États-Unis.

Les préparatifs se déroulent sans encombre jusqu'au mois de novembre, lorsqu'Alice apprend que la Belgique, élue pays hôte, renonce à organiser les Jeux en évoquant des « difficultés d'ordre intérieur » – certainement financières – pour justifier son retrait. À moins de dix mois de l'échéance, il faut absolument trouver une solution de repli. Alice se lance alors dans une vaste campagne de prospection auprès des adhérents de la FSFI mais, malgré ses efforts, elle enchaîne les déconvenues. Les représentants de la Tchécoslovaquie, assurés d'être aux commandes des Jeux féminins en 1930, ne voient aucune raison d'avancer les festivités de quatre ans : pourquoi prendre le risque de se rater ? L'Angleterre, intéressée, fait valoir deux conditions : qu'il n'y ait ni tournoi de hazéna, ni championnat du monde de basket – les Anglaises auraient-elles peur de ne pas briller dans ces disciplines ? Après concertation, la candidature britannique est refusée. C'est finalement la Suède qui va se dévouer. Début décembre, moins d'un mois après le retrait belge, la ville de Göteborg est choisie pour recevoir la plus grande compétition féminine au monde.

Les Jeux féminins sauvés, Alice, dont la santé reste fragile depuis son opération, paie son récent excès d'activité par une rechute et doit de nouveau se faire opérer. En retrait pendant plusieurs semaines, elle ne reprend réellement du service qu'en mars 1926 pour s'attaquer au brûlant dossier de la gouvernance de l'athlétisme féminin. La perspective du rendez-vous de Göteborg a ravivé le conflit qui l'oppose à Sigfrid Edström sur cette question délicate et, le 29 avril, tous deux profitent d'être à Paris pour se retrouver lors d'une commission à laquelle ont été conviés des émissaires de leurs camps respectifs. Ce face-à-face, censé régler leurs différends une fois pour toutes, est extrêmement tendu et Alice donne d'emblée le ton :

« La direction internationale par un seul pouvoir est excellente et je suppose qu'en pratique la natation, l'escrime et le tennis n'ont pas à s'en plaindre. Ce qui différencie ces cas de figure du nôtre, c'est que l'International Amateur Athletic Federation a attendu que nous ayons pleinement réussi pour prendre ombrage de notre existence.

– L'athlétisme est la seule branche régie par deux fédérations, rétorque Edström, insensible à la pique. Si cette situation était vraiment désirable, pourquoi n'en serait-il pas de même pour le lawn-tennis, la natation ou encore l'aviron ? Pensez-vous que ces fédérations fonctionneraient mieux en étant régies par des femmes plutôt que par des hommes ?

– Je constate simplement que ce n'est qu'après le succès retentissant des premiers Jeux féminins à Paris que l'IAAF a décidé de régir l'athlétisme féminin. En dépit de cela, il ne s'est rien passé : la FSFI a continué de prospérer et l'IAAF n'a rien fait. Faut-il voir dans cette inaction une preuve d'indifférence ? »

La passe d'armes se poursuit sans qu'Alice et Edström parviennent à s'accorder. Pour le président de l'IAAF, l'ingérence des hommes dans la direction du sport féminin permettrait une économie de moyens : « Nous utilisons les mêmes stades, les mêmes terrains, le même matériel. C'est aussi une question de juridiction : une direction unique est un gage d'obéissance et le seul moyen d'harmoniser les règlements. » Peu convaincue, Alice s'acharne à défendre la possibilité d'une entente, qu'il conviendra évidemment de négocier, entre les deux fédérations. « C'est là, je crois, la seule solution possible à notre différend. Si vous acceptez que la FSFI continue à gérer l'athlétisme féminin sous supervision de l'IAAF, le principe d'ingérence masculine qui vous est cher sera alors sauvegardé et nous pourrons, de notre côté, continuer à travailler en paix », assène-t-elle avant de prendre congé.

Voilà où en sont les discussions avec Edström lorsque le Comité international olympique se rappelle, lui aussi, au bon souvenir d'Alice. Pierre de Coubertin, qui a démissionné il y a peu, n'en est plus le président, mais son successeur, le Belge Henri de Baillet-Latour, semble tout aussi pointilleux en ce qui concerne l'usage de l'épithète « olympique ». Comme l'avait fait le baron en son temps, il exige que soit trouvé un autre nom pour désigner les Jeux féminins. Pour Alice, la défense est la même qu'en 1922 : personne ne peut s'arroger la propriété d'un adjectif. Malgré cela, elle n'est pas contre lui donner satisfaction, mais à une seule condition : que les pourparlers entre la FSFI et l'IAAF aboutissent comme elle l'entend.

Alors qu'elle pensait avoir obtenu un peu de répit, elle va rapidement comprendre qu'elle s'est lourdement trompée. Agacé par cette femme qui lui tient tête, Sigfrid Edström a mis au point un stratagème tortueux pour en finir avec le problème Milliat. Pourtant fervent opposant à la participation des femmes aux Jeux olympiques, le Suédois entame des tractations discrètes avec le CIO afin de le convaincre de les y admettre dès l'édition de 1928. L'instance créée par Coubertin ne reconnaissant qu'une seule fédération internationale par sport, le soutien de la majorité de ses confrères suffit à assurer symboliquement la direction de l'athlétisme féminin à l'International Amateur Athletic Federation. Il active ensuite la seconde partie de son plan : persuader ses acolytes de l'IAAF du bien-fondé de sa démarche pour en acter définitivement le résultat. Le message qu'Edström adresse à ses partenaires est alors on ne peut plus clair : refuser que les femmes prennent part aux JO de 1928 reviendrait à voter contre la prise de contrôle de l'athlétisme féminin, et la discussion serait alors définitivement close. Réunis en congrès à La Haye en août 1926, les représentants des pays membres tombent d'accord pour demander au CIO d'inclure des épreuves athlétiques féminines dans le programme olympique, un vote enlevé par douze voix contre cinq, celles de l'Australie, la Finlande, la Hongrie, l'Irlande et la Grande-Bretagne.

À moins de trois semaines des Jeux féminins de Göteborg, Alice est mise devant le fait accompli : l'athlétisme féminin passe officiellement sous pavillon masculin et, d'ici deux ans, les *sportswomen* feront leurs grands débuts aux Jeux olympiques sur cinq épreuves : le 100 et le 800 mètres, la hauteur avec élan, le disque et le relais 4×100 mètres. Même si Alice est assurée que la FSFI continuera d'exister en agissant par délégation, le coup est rude : au cours de leurs échanges, Edström s'est bien gardé d'évoquer la question olympique. S'il l'avait fait, elle aurait exigé que les femmes bénéficient d'un programme complet, à l'instar de celui qui les attend aux Jeux féminins de Göteborg. Mais qu'il ne croie pas être débarrassé d'elle : dès la fin du rendez-vous suédois, elle reviendra à la charge pour obtenir mieux que ce simulacre de participation qui, dans les faits, s'apparente plus à de la charité mal placée qu'à une réelle avancée vers l'égalité.

12

« Les groupements féminins savent quelles difficultés financières ils rencontrent et s'ils attendent des pouvoirs publics des deniers suffisants pour vivre, il leur faudra patienter encore bien longtemps. »
Alice Milliat, *L'Auto*, 15 février 1923

Le mois d'août 1926 vient à peine de commencer et Alice n'a déjà qu'une envie : qu'il se termine au plus vite. Le passage en force d'Edström, la manière dont il a instrumentalisé la femme olympique, tout cela est loin d'être à son goût. Mais à dire vrai, le Suédois et ses méthodes douteuses sont pour le moment le cadet de ses soucis. Ce qui la tracasse au plus haut point, ce sont les finances de la FFSF, un casse-tête d'un tout autre genre qui l'empêche de trouver le sommeil depuis quelques nuits. Certes, elle ne dirige plus la fédération nationale, mais elle reste présidente de la FSFI et il lui tient à cœur que les Françaises prennent part aux Jeux de Göteborg. Or, elle a eu beau retourner le problème dans tous les sens, elle ne voit pas comment, avec des caisses fédérales quasi à sec, les nouvelles dirigeantes pourraient y envoyer une équipe. Sauf à compter sur un miracle, la France, qui a tant fait pour le rayonnement du sport féminin à l'international, se dirige tout droit vers un forfait.

Cette perspective est d'autant plus rageante qu'avec des Radideau et Gagneux dans ses rangs, le *team* national est largement capable de tenir tête aux Britanniques, voire de contester leur supériorité dans les sprints. Pour éviter ce fiasco annoncé, il n'y a qu'une solution : trouver 40 000 francs d'ici trois semaines, une somme exorbitante mais nécessaire, compte tenu du taux de change élevé, pour transporter, loger et nourrir quatorze athlètes – une délégation pourtant famélique comparée à celle qui avait porté haut les couleurs de la France à Pershing quatre ans plus tôt.

Consciente que, malgré toute la bonne volonté dont elle fait preuve, la FFSF ne pourra jamais s'acquitter de plus d'un quart de ce budget, Alice a avancé l'idée de mutualiser les frais de transport avec les Belges : acheter un billet collectif permettrait aux deux effectifs de faire des économies substantielles. La piste est intéressante mais ne suffit pas à résoudre le problème. En désespoir de cause, elle propose de s'en remettre directement aux autres sportives et sportifs de l'Hexagone : il y a dans ce pays des fédérations très riches dont les dirigeants et les licenciés, pour peu que l'on invoque la sacro-sainte solidarité sportive et que l'on titille leur fibre patriotique, sont susceptibles de venir en aide à la FFSF. Sensible à cette initiative, la presse s'est hâtée de relayer son appel. L'ancien rugbyman, également athlète et boxeur, Frantz Reichel, désormais secrétaire général du Comité national des sports et du Comité olympique français, offre son concours pour la collecte et la centralisation des souscriptions. Alice, qui trouve indispensable de montrer l'exemple, a d'emblée donné 100 francs de sa poche. Le marquis de Polignac, héritier de la maison de champagne Pommery et membre du CIO, lui emboîte le pas et ajoute le double à la cagnotte. Le syndicat de la presse sportive et les Linnet's de Saint-Maur – le nouveau club de Georgette Gagneux et Lucienne Velu – contribuent eux aussi à l'effort collectif, tout comme le quotidien *L'Auto*, la direction des magasins Printemps ou encore la Fédération française des amateurs de billard.

En l'espace de trois jours, la somme récoltée avoisine les 1 700 francs. Les débuts sont encourageants, mais les montants restent trop modestes. À ce rythme-là, il faudrait plus de deux mois pour espérer réunir la somme nécessaire, or Alice ne les a pas. Elle qui s'attendait à recevoir le soutien de nombreux athlètes renommés tombe de très haut. Si elle se réjouit de la participation du double champion olympique d'escrime Lucien Gaudin, elle regrette que les étoiles de la boxe, du tennis ou de la natation, dont certaines affichent ostensiblement leur train de vie luxueux, se fassent si discrètes quand il s'agit d'ouvrir leurs porte-monnaie bien garnis pour prêter main forte à leurs consœurs. Heureusement pour elle, les sociétés sportives sont, dans l'ensemble, plus sensibles à sa requête et, à la suite du Club athlétique de la Société générale, l'Alsacienne-Lorraine de Paris, le Paris-Université club et le Golf club féminin de Paris apportent tour à tour leur contribution financière. Pour autant, le 14 août, à dix jours d'un hypothétique départ de l'équipe de France, la campagne de charité n'a permis de récolter qu'un dixième des fonds attendus. Le constat est amer : les combats des femmes ne font pas recette. Quelle honte pour ce pays et pour ceux qui le gouvernent, capables de dépenser des millions pour organiser des Jeux olympiques à Paris en 1924, mais infichus de donner ne serait-ce qu'un centime pour permettre à une poignée de leurs représentantes de prendre part à une rencontre d'ampleur internationale. Alice doit se résigner : il n'y aura pas de Françaises à Göteborg.

Il faut attendre le 19 août pour que la bonne nouvelle, celle que l'on n'attendait plus, celle qui va tout changer, arrive enfin. Alice vient à peine de franchir la porte des bureaux de la FSFI quand la sonnerie du téléphone retentit : Frantz Reichel l'informe qu'ils viennent de recevoir par le courrier du matin deux enveloppes contenant respectivement 1 000 et 10 000 francs… Qui en est à l'origine? Ni elle ni lui ne le sauront – nous non plus, à un siècle de distance – mais l'important n'est pas là. Ce qui compte, c'est que, grâce à ces deux dons anonymes, ajoutés à ceux plus modestes qu'il continue de recevoir, le secrétaire général du Comité national des sports estime qu'Alice va pouvoir s'appuyer sur un pécule total de 20 000 francs. Même si ce n'est que la moitié de ce qu'elle espérait initialement, la Suède redevient une possibilité pour les Françaises, à condition toutefois que le nombre de participantes soit revu à la baisse.

Six jours plus tard, elles sont finalement neuf, et non quatorze comme prévu initialement, à se retrouver à 7 heures devant l'entrée du Grand Hôtel de la rue Scribe, d'où elles se rendent ensemble au Bourget. Un Goliath Farman spécialement affrété pour elles les y attend afin de les convoyer à l'aéroport d'Amsterdam-Schiphol. Une fois là-bas, elles empruntent un second vol, direction Malmö, puis c'est le train couchette jusqu'à Göteborg.

Geneviève Laloz et Lucie Petit sont les seules du groupe à avoir participé aux Jeux de Paris en 1922. Le reste de l'équipe fait la part belle à la jeunesse: Alice est accompagnée de quelques pépites prometteuses, comme la Toulonnaise Louise Bellon, grand espoir du 1 000 mètres qui vient tout juste de fêter ses dix-huit ans, et la Parisienne Marguerite Radideau, à peine un an de plus et déjà recordwoman du monde du 80 mètres et du 100 yards, chargée de faire oublier l'absence de sa compagne de club Georgette Gagneux, forfait sur le 60 mètres et le 100 yards pour raisons de santé.

Novices ou confirmées, aucune ne s'est jamais aventurée en terre scandinave auparavant. Alice est la seule à connaître les lieux, même si sa dernière venue remonte à l'époque où elle travaillait pour la famille Gulbenkian. Plus de vingt ans ont passé depuis, mais les souvenirs qu'elle en a gardés sont intacts et c'est avec un plaisir infini qu'elle retrouve ces paysages splendides constellés de lacs et de torrents. Göteborg, où Edström a suivi une partie de ses études, n'a pas vraiment changé non plus. Son gigantesque port, connu pour être l'un des plus importants au monde, et ses multiples bassins, dont les ramifications s'invitent jusque dans la ville, ont conservé un je-ne-sais-quoi de familier.

Alice ressent le même plaisir à profiter de l'hospitalité qui fait la réputation des Scandinaves et se traduit par une multitude de petites attentions à l'égard de leurs visiteurs. La chambre d'hôtel qu'on lui a attribuée a ainsi préalablement été décorée à son intention avec des gravures d'Antoine Watteau, de Quentin de La Tour et de Maurice Millière. La seule préoccupation d'Alice concerne le stade : l'athlétisme féminin n'existe que depuis quelques mois en Suède et, bien qu'elle ait une grande confiance dans les organisateurs des deuxièmes Jeux féminins, elle ne peut s'empêcher de se demander si les infrastructures dont vont bénéficier les sportives seront à la hauteur.

Ses doutes disparaissent instantanément lorsqu'elle découvre le Slottskogsvallen le 27 août 1926, jour de l'ouverture officielle des Jeux. À première vue, il lui paraît légèrement plus modeste en taille que Pershing, mais cela ne doit pas se jouer à grand-chose. Situé en périphérie de Göteborg, il est niché au cœur de la verdure, bordé par d'imposantes collines boisées qui donnent l'impression d'un écrin délicat. De vastes tribunes en bois ont été érigées sur toute sa longueur et offrent une vue imprenable sur une cendrée de couleur grise. Alice y retrouve ses partenaires de la FSFI et le colonel Viktor Balck, figure incontournable du sport suédois, membre de la première heure du CIO et ami très proche de Pierre de Coubertin. Le prince royal, Gustave-Adolphe, a accepté de patronner l'événement et les consuls des huit pays engagés se sont déplacés pour venir soutenir leurs délégations respectives.

C'est la Suède qui ouvre le défilé des nations. Derrière ses treize représentantes, on retrouve la France, bien entendu, mais aussi la Grande-Bretagne et la Tchécoslovaquie, toutes trois présentes à Paris quatre ans auparavant et rodées à ce genre de cérémonial. La Belgique, la Lettonie et la Pologne, nouvelles venues sur la scène olympique féminine, complètent le cortège, qui compte également une émissaire du Japon : Kinue Hitomi. Cette jeune étudiante de dix-neuf ans, une grande brune nerveuse à la peau mate, a quitté son île deux mois plus tôt et parcouru plus de 10 000 kilomètres en s'entraînant dans chaque stade croisé sur sa route. La célébration, grandiose, s'achève au son des trompettes par un extraordinaire lâcher de 3 000 pigeons voyageurs.

Cette entrée en matière est une réussite totale et la suite des événements le sera tout autant. Durant les trois jours de compétition, l'équipe de France va faire honneur à ceux qui l'ont soutenue financièrement. Marguerite Radideau, en très grande forme, s'offre deux succès inoubliables en sprint. Alignée sur 100 yards, elle remporte sa série et réitère l'exploit en finale après avoir placé une incroyable accélération à mi-distance. Le scénario est encore plus fou sur 60 mètres. Meilleur chrono des séries, la sociétaire des Linnet's réalise une très mauvaise entame de finale, perturbée par trois faux départs. Largement devancée par les Britanniques en tête à dix mètres de l'arrivée, elle parvient malgré tout à se remobiliser pour revenir à leur hauteur et passer la ligne en tête, victorieuse d'un souffle.

Alice, qui a beaucoup misé sur la nouvelle génération pour briller à Göteborg, se félicite plus encore de ce pari osé après qu'Hélène Bons a, à son tour, décroché le graal à la hauteur. La native du Perreux-sur-Marne, qui n'a pourtant que quelques mois d'entraînement à son actif, surclasse la concurrence avec un saut à 1,50 mètre, soit cinq centimètres de plus que ses neuf adversaires. Deuxièmes du relais 4×110 yards, les Françaises ajoutent également à leur moisson une très belle troisième place sur 1 000 mètres assortie d'un record de France sur la distance. Cet ultime résultat est à mettre au crédit de Louise Bellon, appelée à rivaliser sous peu avec les meilleures lorsqu'elle aura acquis plus d'expérience et de science de la course.

À l'issue de ce grand week-end olympique, la France décroche la deuxième place du classement des nations, derrière les Britanniques quasi deux fois plus nombreuses sur la feuille d'engagement et avec qui elles sont pourtant à égalité en termes de titres gagnés. Kinue Hitomi, victorieuse à la longueur avec et sans élan, deuxième au disque et troisième au 100 yards, reçoit quant à elle la médaille de la meilleure athlète sur le terrain, distinction qui lui vaut d'être portée en triomphe par les Suédoises.

Alice le pressent, le retentissement de cette deuxième édition olympique devrait dépasser celui de Paris : ces trois jours à Göteborg ont permis de mettre en lumière les progrès immenses réalisés par le sport féminin et celles qui le pratiquent. Le temps de Louise Bellon est sur ce point particulièrement parlant. Avec son chrono de 3'10" ⅖, qui lui a valu une troisième place sur 1 000 mètres, elle est plus rapide de presque deux secondes sur la distance que sa compatriote Louise Bréard, première à Paris. On pourrait en citer d'autres : il y a eu le record du monde de l'Anglaise Eileen Edwards sur 250 mètres, celui de la Tchécoslovaque Ludmila Sychrova sur le 100 yards haies, de Kinue Hitomi à la longueur ou encore de la Polonaise Halina Konopacka au disque, avant que ce dernier ne soit invalidé en raison d'une erreur de fabrication.

Alice ne sait pas ce que vont donner les tractations à venir avec Edström, mais il est certain que les Jeux olympiques féminins – qui s'appelleront désormais Jeux féminins mondiaux, comme promis au CIO – ont de beaux jours devant eux. La troisième édition a déjà été attribuée à la Tchécoslovaquie pour 1930 et comptera, en plus des épreuves athlétiques, le fameux championnat du monde de basket, qui aurait dû être disputé en Suède mais qui a dû être annulé, faute d'argent. Si Alice devait avoir un regret concernant Göteborg, ce serait celui-ci, mais ruminer cette déception l'empêcherait de profiter de l'ultime cadeau réservé par ses hôtes : une excursion jusqu'à la plage de Marstrand, petit paradis reculé auquel on ne peut accéder qu'en bateau.

13

« Lorsque fut créée la FSFI sans aucune aide des groupements masculins – au contraire même – personne n'y crut. Le succès de nos premiers Jeux, à Paris, en 1922, éveilla l'attention des pouvoirs masculins qui, faute de pouvoir s'approprier le résultat de nos efforts, furent amenés, en 1926, à signer un accord avec nous. Et c'est uniquement pour tenter de nous faire échec que la participation de l'athlétisme féminin [aux JO] fut proposée et adoptée à la faveur de manœuvres. »

Alice Milliat, *Match*, 26 janvier 1932

Ce qui la frappe en premier lieu en cette fin juillet 1928, c'est qu'Amsterdam ne se ressemble plus. À l'aube du coup d'envoi des neuvièmes JO de l'ère moderne, l'ancien petit village de pêcheurs, d'ordinaire plutôt calme et paisible, a pris des allures de foire un brin vulgaire. Partout où le regard porte, tout n'est plus que drapeaux, fanions et guirlandes olympiques. Les marchands ambulants ont envahi les vastes allées qui bordent l'Amstel, transformant les canaux en un simulacre de marché où l'on trouve tout et n'importe quoi. Biberons, broches, cigarettes, chaussettes, bonbons ou encore biscuits, tout est bon pour appâter les hordes de visiteurs étrangers qui débarquent chaque jour plus nombreux et les délester de quelques florins en échange d'un souvenir flanqué des anneaux olympiques. Du centre animé aux discrètes ruelles étroites bordées de maisons claires, il n'est pas un lieu où se réfugier pour échapper, ne serait-ce qu'un instant, à cette frénésie. Alice observe le tumulte avec circonspection. Tout lui paraît surjoué, factice. Quelques années auparavant, elle se serait probablement laissé gagner, elle aussi, par cette fièvre olympique si contagieuse en apparence, mais le temps et les événements l'ont immunisée et elle est intimement convaincue qu'il n'y a plus de retour en arrière possible.

Le constat est d'autant plus triste qu'elle aurait toutes les raisons de se réjouir et de se laisser porter par la liesse ambiante. Dans quatre jours, le 30 juillet, les athlètes féminines feront leur entrée sur la scène olympique, jusqu'alors réservée aux seuls hommes – une première dans l'histoire – et Alice sera au plus près pour les encourager. Elle qui a longtemps attendu ce moment – avant d'opérer la volte-face stratégique que l'on sait – s'était imaginé qu'il constituerait l'apogée de son combat. Pourtant, elle le vit non seulement comme un échec pour la cause des sportives, mais aussi, de manière plus ambiguë, comme un échec personnel. La raison tient en un nom : Sigfrid Edström. Officiellement, c'est grâce à lui que les femmes peuvent embrasser leur destin olympique. Mais un destin au rabais, qui empêche Alice d'avoir le cœur à la fête.

Dans le huis clos apaisant de sa chambre d'hôtel, elle trouve un peu de réconfort. La sensation d'y être en zone neutre lui permet d'appréhender plus sereinement l'entrée en lice des sprinteuses, qui seront les premières à se produire à l'Olympisch Stadion, l'immense enceinte de 40 000 places spécialement construite pour les Jeux. C'est avec elles qu'Alice fera ses débuts en sa qualité de membre du jury olympique, fonction qui n'avait jusqu'alors jamais été accordée à une femme. Bien qu'elle ait accepté, elle a pleinement conscience que, davantage qu'un véritable honneur, cette nomination est avant tout un cache-misère, une obole ridicule, un lot de consolation signé Edström et censé atténuer l'humiliation que celui-ci lui a infligée à l'issue de leurs longues et âpres négociations. Même si Alice avait été l'une des rares représentantes de la FSFI – avec les Anglais – à se positionner ouvertement contre la participation des femmes à Amsterdam, c'est à elle qu'avait été confiée la mission d'obtenir du patron de l'IAAF qu'elles s'alignent non sur cinq épreuves, comme proposé, mais une dizaine, à l'instar de ce qui se fait lors des Jeux féminins. Las, les deux années de tractations qui ont suivi se sont soldées par un fiasco total. Fidèle à lui-même, Edström le perfide l'a manipulée, comme il a manipulé son propre entourage, faisant mine d'abonder dans le sens des uns et des autres tout en jouant la montre pour, finalement, ne céder sur rien.

Que les femmes n'aient eu droit qu'à ces quelques miettes olympiques désole Alice. Il lui a fallu beaucoup de temps pour accepter cette débâcle et reconnaître qu'elle ne lui est pas entièrement imputable. Même si elle avait su lire plus tôt dans le jeu d'Esdtröm, elle n'aurait probablement pas pu trouver d'arguments suffisamment forts pour convaincre ses partenaires fédéraux que la participation olympique telle que le Suédois la concevait n'était qu'un miroir aux alouettes. Elle a spontanément offert de démissionner de la présidence de la Fédération internationale, mais personne n'a souhaité la voir partir.

Maintenant qu'elle est là, à Amsterdam, elle se dit qu'elle peut en tirer quelque chose de bon, appréhender cette virée hollandaise comme un acte de résistance, une occasion pour toutes les femmes invitées – membres du jury et athlètes – d'occuper le terrain, afin d'asseoir leur légitimité et assurer définitivement l'égalité de traitement entre femmes et hommes dans le sport. Elles sont plus de deux cents à avoir fait le voyage depuis les quatre coins de la planète – elles étaient quatre-vingt-une à

Göteborg, lors des derniers Jeux féminins. Malgré le boycott des Anglaises et la présence minimale des Tchécoslovaques – une seule et unique représentante, contre six lors de l'édition suédoise –, la venue des Américaines, des Canadiennes, des Japonaises ou encore des Allemandes – de retour, depuis peu, sur la scène internationale après avoir été exclues en représailles de la guerre – est le signe manifeste de la bonne santé du mouvement sportif féminin et de son inexorable montée en puissance.

Les Françaises ont elles aussi un rôle majeur à jouer dans ce grand concert des nations. Elles seront douze à tenter leur chance, et tout a été mis en œuvre pour qu'elles puissent bénéficier d'une préparation à hauteur de l'enjeu. La FFSF, qui court d'ordinaire après les fonds, s'est vu octroyer par le Comité olympique français une ligne de crédit de 10 000 francs – une somme très inférieure à celle allouée aux athlètes masculins, mais qui a permis à la Fédération de s'assurer les services d'entraîneurs confirmés, comme Étienne Gajan, l'ancien champion de France de saut à la perche devenu professeur d'éducation physique au Stade français.

Alice ne saurait dire si c'est dû à la seule influence de ces techniciens réputés ou si la perspective de se qualifier pour les JO a joué, toujours est-il que les futures olympiennes l'ont impressionnée par leurs progrès constants tout au long de la saison. Marcelle Neveu, vingt et un ans et sociétaire de

La Clodoaldienne, a abaissé, par deux fois, la marque de référence nationale sur le 800 mètres au cours du mois de juillet et, même si elle est encore loin du record du monde, détenu par l'Allemande Lina Radke-Batschauer, elle est largement capable de s'inviter dans le trio de tête à Amsterdam. Marguerite Radideau, qui avait mis ses exploits sur piste entre parenthèses durant quelques mois pour préparer son concours d'État au certificat d'aptitudes supérieures pour l'enseignement de l'éducation physique et de la gymnastique, a quant à elle égalé par deux fois le record du monde du 100 mètres et ainsi renoué avec son statut de favorite sur la distance. Il ne fait aucun doute pour Alice que la sociétaire des Linnet's, qui s'est également démarquée en relais aux côtés de Georgette Gagneux, Lucienne Velu et Yvonne Carme, est la plus à même de rapporter une, voire deux médailles à la maison.

Lorsqu'Alice voit Marguerite Radideau émerger de la masse des concurrentes qui se pressent au cœur de l'Olympisch Stadion ce 30 juillet 1928, elle est étonnée par l'impression de calme qu'elle dégage, qui tranche radicalement avec l'agitation alentour. Elles sont quarante à être inscrites sur les listes du 100 mètres en cette journée historique, ça fait du monde ! Radideau concourt dans la neuvième et dernière série. Depuis la table du jury à laquelle elle est installée – à distance raisonnable d'Edström, qui siège à l'opposé –, Alice l'observe déambuler sans but, ses lunettes cerclées sur le nez, les cheveux sagement enserrés dans un fin filet, comme à son habitude. Ses camarades, Yolande Plancke, Georgette Gagneux et Lucienne Velu, elles aussi de la partie, paraissent plus fébriles, mais il n'y a rien de plus normal à cela : pour elles comme pour les autres, tout est nouveau en ce début de semaine – le contexte, bien entendu, mais aussi le stade, le plus grand dans lequel des femmes aient été amenées à courir jusqu'à présent.

Trente mois plus tôt, il n'y avait rien d'autre ici qu'un immense champ marécageux. Désormais, c'est une arène ultra moderne flanquée de deux pistes, l'une, en béton armée, réservée aux épreuves de cyclisme, l'autre, rouge, qu'elles s'apprêtent à fouler. Des pavillons spéciaux ont également été construits pour accueillir les épreuves de boxe, de lutte et d'escrime, ainsi qu'une piscine pour la natation. Les ateliers de photographie, le service médical et les buffets sont au rez-de-chaussée, sous les tribunes, au même niveau que les vestiaires. Il y a un monde entre ce que les sportives ont pu vivre à Göteborg en 1926, ou même à Paris en 1922, et ce qu'elles s'apprêtent à vivre dans les minutes qui viennent. Alice espère que leurs performances n'en souffriront pas.

Elle en est là de ses réflexions lorsque le coup de revolver du starter la rappelle brusquement à ses obligations : l'Allemande Anni Holdmann, l'Australienne Edith Robinson et l'Italienne Derna Polazzo sont les premières à s'élancer sur 100 mètres. Une dizaine de secondes plus tard, Polazzo est éliminée, les deux autres passent au tour suivant. La suite s'enchaîne sans temps mort. Série 2, série 3, la quatrième est fatale à Yolande Plancke. Série 5, Georgette Gagneux s'impose facilement. Série 6, clap de fin pour Lucienne Velu. Série 7, série 8, série 9, Marguerite Radideau rejoint Georgette Gagneux en demi-finale. Le dernier tour se jouera malheureusement sans elles : les deux comparses des Linnet's s'inclinent devant des rivales venues notamment du Canada et d'Allemagne.

Le lendemain, la météo a viré à l'automne, mais ni la pluie ni le vent ne parviennent à refroidir les ardeurs d'Halina Konopacka au disque. La longue et svelte Polonaise, reconnaissable à son élégant béret rouge, survole outrageusement les qualifications, reléguant notamment Lucienne Velu à presque 8 mètres, avant de s'offrir une nouvelle démonstration en finale. À vingt-huit ans, cette poétesse en passe d'être reconnue par le milieu littéraire de son pays avec son premier recueil, qui sera publié l'année suivante, améliore le record du monde et devient, pour l'éternité, la première femme à remporter un titre olympique dans une discipline athlétique.

La ferveur du public redouble à l'approche des finalistes du 100 mètres. Elles ne sont plus que six à pouvoir prétendre à l'or : une Américaine, trois Canadiennes et deux Allemandes. Myrtle Cook, la Torontoise, est disqualifiée d'emblée pour faux départ. Obligée de quitter la piste, elle rejoint les vestiaires en pleurs sous le regard compatissant d'Alice. Même sort pour Leni Schmidt, la Brêmoise, lors de la deuxième tentative. La troisième est la bonne. Alice assiste, hypnotisée, à un duel de très haute volée entre Betty Robinson et Fanny Rosenfeld. La jeune pousse de l'Illinois, pas encore dix-sept ans, et la sténographe de vingt-trois ans employée dans une chocolaterie de Toronto sont si proches dans l'effort qu'elles donnent l'illusion de courir collées l'une à l'autre. Après qu'elles se sont jetées ensemble sur la ligne d'arrivée, la victoire est finalement attribuée à miss Robinson pour quelques poussières de seconde – avec un chrono de 12" ⅖, versus 12" ⅗ pour sa rivale – et la réclamation déposée dans la foulée par le clan canadien n'y changera rien. Fanny Rosenfeld et Myrtle Cook prendront leur revanche sur leurs concurrentes américaines à l'issue du 4×100 mètres.

Alice savait bien qu'en l'absence des Anglaises il était couru d'avance que les représentantes du Nouveau Monde seraient les grandes gagnantes de ce rendez-vous en vieille Europe. Ce qu'elle n'avait pas anticipé, en revanche, c'est que les Françaises connaîtraient pareille déroute. Le quatuor Radideau, Gagneux, Velu et Plancke, dépassé par ses émotions, passe au travers du relais et termine quatrième. La malédiction se répète au saut en hauteur avec Hélène Bons, Lucienne Laudré et Évelyne Cloupet, trop justes pour prétendre rivaliser avec la Canadienne Ethel Catherwood. Les tentatives de Marcelle Neveu et de Sébastienne Guyot sur 800 mètres resteront vaines elles aussi : mises hors course dès le premier tour, la Mayennaise et la Bretonne sont incapables de sauver le bilan désastreux de l'équipe nationale. Au moins échappent-elles au scandale qui éclate après la finale… C'est Kinue Hitomi qui en est, bien malgré elle, à l'origine. Engagée sur ce double tour de piste, elle imprime d'entrée à la course un rythme ultra rapide qui lui permet de creuser un écart d'une vingtaine de mètres sur ses adversaires, avant d'être rattrapée par la Suédoise Inga Gentzel aux 200 mètres. La Japonaise, pugnace, résiste de toutes ses forces, quand Lina Radke-Batschauer lui fond littéralement dessus à l'entrée de la dernière ligne droite. La fin de course est haletante. L'Allemande accélère pour conserver la tête, Hitomi à ses trousses. À quelques centimètres de la ligne d'arrivée, elle jette un ultime coup d'œil à sa rivale, lève les bras, enfin assurée de gagner, puis se jette sur la pelouse pour récupérer, imitée moins d'une seconde plus tard par Hitomi et Gentzel. Las, ce geste apparemment inoffensif et naturel signe le début d'une tempête médiatique qui causera bien du tort au sport féminin, et à Alice en particulier.

Celle-ci ne prendra réellement la mesure de ce qui s'est passé que le lendemain, en lisant la presse. Ce qu'elle a attribué à un simple défaut d'éducation sportive – se laisser aller à ce point en public n'est pas acceptable, encore moins pour une femme – a pris, sous la plume d'une poignée de reporters, des allures dramatiques. Certains racontent ainsi avoir vu les prétendantes au titre s'écrouler, inanimées, à l'arrivée et décrivent avec force détails leurs yeux révulsés et leurs nerfs contractés. D'autres, tout aussi éloignés de la réalité, évoquent des évacuations sur brancard et en profitent pour relancer le vieux débat sur la fragilité des femmes et la nécessité de légiférer quant aux disciplines qu'elles peuvent ou non pratiquer. Alice, qui n'était pas en tribune mais bien sur le terrain, au plus près de la course, tombe des nues : ces récits sont le fruit d'imaginations débordantes – ou d'une volonté manifeste de nuire –, tout le jury olympique peut en témoigner. Certes, il y eu quelques malaises, mais ils ont eu lieu lors de courses masculines et personne ne s'en est offusqué, pas même les officiels présents. Ce n'est d'ailleurs pas la première fois. En 1904, lors des Jeux olympiques de Saint-Louis, dans le Missouri, deux demi-fondeurs avaient perdu connaissance sur la piste, les médecins avaient même dû administrer des stimulants à l'un d'eux pour le ranimer, mais cela n'avait alarmé personne. À cette époque, les journalistes s'étaient empressés de conclure à une défaillance individuelle, et non à une faillite collective qui aurait remis en cause la participation des hommes au 800 mètres.

Six ans après les premiers Jeux féminins de Pershing, Alice a la nette impression de revivre le « scandale » du 1 000 mètres parisien avec, à la clef, un nouveau soulèvement visant à interdire aux femmes l'accès à une discipline jugée hors de portée sur la base de prétextes fallacieux. Quoi qu'elles fassent, quels que soient leurs résultats, les athlètes féminines seront toujours la cible de critiques, victimes de personnes mal intentionnées à l'affût du moindre prétexte pour leur barrer l'accès au stade – et, désormais, à la plus prestigieuse des manifestations sportives.

Heureusement, depuis 1922, elles ont leurs propres Jeux et n'ont plus besoin de forcer le passage pour briller lors d'une compétition dans laquelle elles ne sont pas les bienvenues. La prochaine édition des Jeux féminins aura lieu à Prague en 1930, et Alice est prête à parier qu'elle connaîtra un succès plus éclatant encore que celles de Göteborg et Paris.

14

« Avec toute la prudence et tout le contrôle possible, il faut encourager la compétition dans les clubs, dans la nation, dans le monde. Il ne faut pas en faire l'unique souci d'une fédération, mais il faut se servir de cette loi universelle pour créer l'émulation par la production d'une élite qui doit se renouveler et, par son exemple, amener les faibles, les timides, aux exercices de plein air, constituant à la fois un bienfait physique, moral et social. »

Alice Milliat, *L'Auto*, 1er mai 1930

D'ordinaire, elle ne goûte guère les visites impromptues des journalistes, et ces derniers le savent bien, mais en cette morne journée de janvier 1929, Alice se réjouit qu'Arnold Bontemps ait osé se présenter à sa porte.

« Monsieur Bontemps, que me vaut l'honneur ?

– Madame Milliat, il se dit que la Fédération américaine d'athlétisme, organisatrice comme vous le savez des Jeux olympiques de 1932, aurait voté une motion demandant la suppression des épreuves féminines à Los Angeles. »

Le reporter de *L'Auto*, qui avait imaginé qu'Alice serait si ce n'est surprise, à tout le moins agacée par cette nouvelle, est décontenancé par son absence de réaction. Affable, elle l'écoute sans se départir de son calme, allant même jusqu'à esquisser un sourire tandis qu'il poursuit : « À l'occasion d'une conférence donnée récemment à Lausanne, Pierre de Coubertin a réaffirmé qu'il condamnait fermement l'expérience des Jeux d'Amsterdam, et il se murmure qu'Edström ne serait plus très partant à l'idée de la reconduire en Amérique. Êtes-vous au courant de ces rumeurs ? Quels sont vos sentiments par rapport à la situation ? »

Alice, que la mine contrite de son interlocuteur amuse, fait mine de réfléchir quelques secondes avant de lui répondre : « Vous voulez savoir ce que j'en pense, monsieur Bontemps ? Voyez-vous, tous ces gens… des canards, des canards, encore des canards et des canards qui se posent là ! »

La discussion se poursuit et Alice fait remarquer à Arnold Bontemps qu'il n'est nul besoin d'être un génie pour comprendre d'où vient cette soudaine levée de boucliers. Toute cette agitation n'est rien d'autre que la triste résurgence du 800 mètres hollandais et des affabulations qui se sont ensuivies. Alice a eu beau s'employer à les démentir une à une, certains membres des institutions sportives attisent délibérément les braises des événements d'Amsterdam depuis plus de cinq mois et sont prêts à barrer la route de Los Angeles aux femmes. Pour ce qui est de Pierre de Coubertin, elle doit bien lui reconnaître une certaine constance ; en revanche, la supposée prise de position d'Edström est parfaitement risible.

« Admettons que les bruits de couloir dont vous me parlez soient vrais, il faudrait qu'Edström ait rudement modifié, ces dernières semaines, une opinion qu'il professe depuis des années et qu'il s'est efforcé de me faire partager.

– Et concernant la motion qui aurait été votée par la commission féminine de la Fédération américaine d'athlétisme ?

– Quelle blague, rétorque Alice. Si elle s'opposait à la participation des femmes à Los Angeles, cela signifierait qu'elle se serait, elle aussi, déjugée vivement, car ses délégués ont toujours plaidé en faveur des sportives, aussi bien au congrès de la FSFI qu'à celui de l'IAAF. »

Alice, confiante, assure à M. Bontemps que tout cela est infondé et qu'il ne fait aucun doute que les femmes seront de la partie à Los Angeles. « Que me diriez-vous même si, en fin de compte, on procédait à des adjonctions aux six épreuves prévues ? » avance-t-elle, mystérieuse, tout en prenant soin de rappeler : « J'ai l'air de plaider en faveur de la participation féminine aux Jeux olympiques alors que, vous le savez, mon opinion personnelle est au contraire que les manifestations féminines doivent être exclusivement féminines, si l'on souhaite qu'elles se tiennent dans les meilleures conditions possibles. » C'est pourquoi il lui semble infiniment plus utile de se concentrer sur les Jeux féminins, seule porte de salut pour les sportives, plutôt que de dépenser en vain de l'énergie dans l'espoir de faire plier Edström et sa clique. Que tous ces canards auxquels elle rêve de couper les ailes se préparent, car elle leur réserve quelques surprises pour la troisième édition de ses Jeux, qui se déroulera l'année suivante à Prague.

La première touche aux infrastructures : la Fédération féminine tchécoslovaque, soutenue par son gouvernement, vient d'officialiser la mise en chantier d'un stade. Spécialement construit pour l'occasion, il sera érigé en bordure du Vlatva, le fleuve qui traverse la capitale.

La seconde surprise concerne le programme, largement revu à la hausse : un tricathlon comprenant 100 mètres, hauteur et javelot viendra compléter les épreuves athlétiques et, sur proposition du Canada, l'idée d'un championnat du monde de basket a été relancée, votée et entérinée. Le titre sera décerné à l'issue de la rencontre entre le champion de la zone américaine – cela se jouera entre le Canada et les États-Unis – et le vainqueur du championnat d'Europe.

Alice sait qu'elle envoie un signal extrêmement fort à destination du CIO : tant que le courant majoritaire de la FSFI, partisan des femmes aux Jeux olympiques, n'obtiendra pas satisfaction quant aux modalités de leur participation, les Jeux féminins seront amenés non seulement à perdurer, mais à prendre de l'ampleur en s'aventurant sur d'autres terrains que celui des seules disciplines athlétiques. Elle ambitionne de les transformer en un rendez-vous quadriennal multisports aussi incontournable et plébiscité que la manifestation de Coubertin, et s'y emploie avec toute la fougue et la détermination dont elle est capable – quitte à s'oublier un peu en chemin.

À mesure que l'année s'écoule, elle se sent moins en forme, les réveils sont chaque matin plus difficiles et les journées de travail à rallonge pénibles. Elle a d'abord feint de croire que ce n'était que le contrecoup d'un épisode de fatigue intense, mais le temps passe et son état ne s'améliore pas, bien au contraire. L'automne approchant, la douleur prend le pas sur la fatigue, une douleur violente qui frappe n'importe quand et la laisse exsangue, vidée. Ces signaux-là, Alice ne les connaît que trop bien : ce sont eux qui lui ont valu un séjour à l'hôpital cinq ans auparavant. Inquiète, elle finit par se résoudre, fin novembre, à consulter un chirurgien... qui lui intime de cesser toute activité afin d'être opérée sur-le-champ, sous peine de conséquences dramatiques. De quelle intervention s'agit-il ? Alice n'en dira rien, tout juste apprendra-t-on grâce à quelques indiscrétions qu'elle est planifiée pour début décembre et qu'elle se déroule sans encombre. Alice reste sous surveillance à la clinique jusqu'à la fin du mois, avant de poursuivre sa convalescence, pour quelques semaines encore, en maison de santé.

Elle ne renoue avec ses fonctions qu'à la fin du mois de février 1930, heureuse d'avoir retrouvé suffisamment d'allant pour s'attaquer aux rumeurs fantaisistes qui commencent à circuler à propos des Jeux féminins de Prague. N'en déplaise aux mauvaises langues, le comité d'organisation tchécoslovaque ne cherche pas à rompre ses engagements par peur de ne pas rentrer dans ses frais, comme l'avait fait la Belgique cinq ans plus tôt. Quant au supposé forfait des États-Unis, la Fédération internationale a déjà reçu, à sept mois de la grande échéance, pas moins de vingt demandes d'inscription, dont la leur.

Le seul bémol pour Alice, à ce stade, concerne le Canada. À l'instar d'Ethel Catherwood, sacrée championne olympique à la hauteur, la majorité des athlètes qui se sont fait un nom lors des Jeux d'Amsterdam ont quitté les rangs de l'équipe nationale – pour des raisons différentes –, et l'encadrement préfère s'abstenir plutôt que d'envoyer une équipe trop faible en Europe. La perspective des premiers jeux de l'Empire britannique – futurs jeux du

Commonwealth –, dont Alice n'a appris l'existence que très récemment et qui se dérouleront fin août à Hamilton, dans l'Ontario, aurait également pesé dans la balance.

Le Canada ne sera toutefois pas complètement absent de Prague, puisque ses basketteuses devraient, elles, être du voyage. Alice rêve de les voir affronter la France dans la capitale tchécoslovaque. La première confrontation – et dernière en date – entre les deux formations remonte à deux ans maintenant, lors de la venue des Canadiennes sur le sol français pour une tournée au cours de laquelle aucune équipe, qu'elle soit de club ou nationale, n'était parvenue à leur résister. Depuis, les Françaises ont progressé, ce que confirme leur victoire écrasante (34 à 8), en avril, sur les Italiennes, à l'occasion des demi-finales du championnat d'Europe à Nice. Un succès signé Velu, Radideau, Moreau, Marinat, Roche et Lunet qui, jusqu'au dernier moment, ont pourtant bien cru ne pas pouvoir jouer…

C'est une broutille qui est à l'origine de ce triste épisode, dont les répercussions auraient pu être désastreuses sur les plans sportif et diplomatique. Ravies de quitter la grisaille parisienne pour la Côte d'Azur, les Françaises sollicitent auprès des responsables de la FFSF la permission d'avancer leur départ d'une journée afin de profiter un peu du bord de mer. Cette requête, qui n'a aucune incidence sur le miséreux budget de la Fédération puisqu'elles s'engagent à régler les frais supplémentaires de leur poche, leur est néanmoins refusée catégoriquement par leur présidente, Yvonne Le Grand. Celle-ci s'empresse, sans que personne comprenne pourquoi, d'avertir le clan adverse de leur possible forfait, à trois jours seulement du coup d'envoi. Le clan italien, déjà sur place, voit dans cette possible défection une aubaine et s'empresse d'exiger de la FSFI une victoire sur tapis vert.

Révulsée par l'incompétence de l'une et la malhonnêteté des autres, Alice entre dans une colère noire. Après avoir copieusement incendié Mme Le Grand par courrier en lui demandant instamment d'arrêter « de saboter le sport féminin et le bon renom de la France à l'étranger », elle fait jouer ses relations afin que Françaises et Italiennes puissent s'affronter à la loyale. Les tractations avec l'encadrement transalpin sont houleuses, mais Alice obtient que la rencontre ait bien lieu.

Depuis, la guerre est déclarée avec Yvonne Le Grand. Offensée par les mots, très durs selon elle, employés à son égard, celle-ci exige de la part d'Alice des excuses publiques, sans quoi elle demandera sa radiation de la présidence et la démission de la France de la FSFI.

En l'espace de quelques jours, ce qui semblait n'être qu'une querelle d'égo entre deux femmes aux personnalités diamétralement opposées révèle surtout la rupture consommée entre deux doctrines sportives incompatibles. Du côté d'Yvonne Le Grand, on dénonce l'autoritarisme d'Alice et son appétence pour la «championnite» aiguë, néologisme désignant le sport-compétition et ses effets néfastes sur le physique et le moral. Alice, pour sa part, fustige la gouvernance Le Grand qui, à force de privilégier l'éducation physique et le sport sans spectacle, a réussi à détruire, en quatre ans, tout ce qu'elle-même s'était attachée à construire depuis 1919. Avec la nomination de sa remplaçante à la tête de la Fédération, c'est bien simple, le nombre de sociétés sportives n'a cessé de diminuer, les réunions internationales n'existent quasiment plus, les caisses sont vides et la FFSF est endettée jusqu'au cou. Seul un changement de direction pourrait donner au sport féminin l'impulsion dont il a besoin pour se réimplanter sur le territoire.

Environ dix jours après le France-Italie de la discorde, Alice est exaucée: invoquant les différends irréconciliables avec sa rivale, Yvonne Le Grand présente sa démission, et c'est Alice elle-même qui est désignée pour lui succéder, en attendant le prochain congrès prévu en début d'année suivante – qui la confortera dans son poste. Sans égard pour sa santé, elle s'attelle aussitôt à relancer les relations épistolaires avec ses homologues étrangers, se met en quête de financements pour renflouer la trésorerie et peaufine les contours des deux derniers matches au programme du championnat d'Europe de basket, programmés pour la mi-juillet. La première affiche,

Pologne-Tchécoslovaquie comptera pour les demies : l'équipe victorieuse affrontera Velu et ses partenaires le lendemain pour la finale.

Cette réunion, Alice la veut grandiose, une gigantesque fête, à l'image des rassemblements inter-nations qui ont marqué son premier passage à la FFSF. Elle souhaite également l'organiser en province et non à Paris, ce qui lui permettra de renouer des relations avec les dirigeants locaux et de relancer la propagande à destination des régions. Après Nice, elle jette son dévolu sur l'Alsace et s'assure du soutien du *Matin* ainsi que des *Dernières Nouvelles de Strasbourg*, le plus grand quotidien de la région, pour parrainer la rencontre. La recette s'avère toujours aussi efficace : le 13 juillet 1930, au lendemain du succès des Polonaises, le stade du Tivoli affiche complet pour l'ultime duel face aux Françaises. Alice, en fine stratège, y trône en bonne place aux côtés des consuls de Tchécoslovaquie, de Pologne et d'Italie. Le préfet du Bas-Rhin a lui aussi répondu positivement à son invitation, tout comme une poignée de gloires locales, parmi lesquelles la comtesse Pisani, fondatrice du célèbre club d'aviron des Libellules. À l'heure où les deux cinq rivaux pénètrent sur la pelouse, les acclamations fusent de toutes parts, redoublant lorsque Mlle Wojnarowska, la capitaine des visiteuses, s'avance cérémonieusement vers Lucienne Velu, la patronne des blouses en or, pour lui remettre un magnifique bouquet. Une attention charmante, qui laisse très vite place à d'autres considérations. Dès le coup d'envoi de cette finale de championnat d'Europe de basket, Lucienne Velu s'emploie à mettre la pression sur ses adversaires. En moins de dix minutes, la joueuse des Linnet's et sa coéquipière Lunet, habilement servies par Radideau, Marinat et Moreau, s'offrent huit paniers et prennent le large, avant que Wojnarowska et les siennes, transcendées par les encouragements des nombreux étudiants polonais de l'université de Strasbourg venus les soutenir, ne resserrent le jeu. À la pause, les Françaises ne mènent plus que d'une courte tête, 10 à 9.

Au retour des vestiaires, la remise en jeu est brouillonne. Chaque clan se rend maladroitement coup pour coup mais, cette fois, ce sont les Polonaises qui dominent, sans jamais, toutefois, réussir à passer devant au score. Velu et ses coéquipières, en tête pour deux petits points seulement (19-17), semblent déroutées par la forte résistance de ces rivales, arrivées au basket seulement deux ans plus tôt. La capitaine de Saint-Maur, qui refuse catégoriquement que la qualification pour Prague leur échappe, s'agace du manque de réaction de ses comparses et leur enjoint vertement de se reprendre. Lucienne est capable de discours fleuris, mais c'est également une excellente meneuse – la preuve : grâce à son coup de sang, les passes se font d'un coup plus longues, plus précises, et les déplacements plus rapides côté français. Leurs offensives se multiplient et les paniers se succèdent, quatorze au total dont une série de treize consécutifs pour clore la dernière période, zéro pour les Polonaises. Au coup de sifflet final, les Françaises s'imposent largement 33 à 17. Championnes d'Europe, elles savourent leur premier grand sacre et espèrent réitérer l'exploit le mois suivant, lors des Jeux féminins, face aux Canadiennes, avec dans le viseur, cette fois, un sacre mondial.

© Musée national du sport

Françaises et Polonaises après la finale
des championnats d'Europe de basket de 1930.
Alice Milliat trône au centre, Lucienne Velu à sa droite.

15

« Le nombre d'intellectuelles que comptent nos groupements est sans cesse grandissant ; celles-là nous sont des auxiliaires très précieuses car elles savent opposer des arguments de valeur aux tartigrades qui voient dans le développement de l'éducation physique et sportive féminine un signe de dépravation des mœurs et de danger physique et social. Ne riez pas. De tels phénomènes existent et nous en trouvons des spécimens dans les assemblées réputées les plus doctes et les plus savantes. Que de bêtises le désir de trancher tout au scalpel n'a-t-il pas fait dire ! De quel droit de prétendues "lumières" de la science décrètent-elles en même temps que nombre d'ignorants : "tels exercices conviennent à la femme, tels autres lui sont nuisibles" ? »

Alice Milliat, *L'Auto*, 29 novembre 1923

De mémoire, jamais Alice ne leur a vu la mine aussi déconfite. Plantées au milieu du Stadium, Lucienne Velu et Marguerite Radideau errent aux côtés de leurs coéquipières, Lunet, Roche et Moreau, les bras ballants et le regard dans le vide, imperméables aux démonstrations de joie des Canadiennes tout juste sacrées championnes du monde de basket. La situation aurait pourtant très bien pu tourner à l'avantage des Françaises, mais il leur aurait fallu faire preuve d'un peu plus de mordant, de confiance en elles, au lieu de quoi Alice les a senties crispées, incapables de se libérer, ce qui a fini par leur coûter le titre pour quatre petits points (18-14).

Les rebondissements des derniers jours ne sont peut-être pas étrangers à cette contre-performance. Le 5 septembre, trois jours après leur arrivée et à vingt-quatre heures de l'ouverture officielle des Jeux féminins de 1930, Alice les convoque dans le grand hall du Splendid, l'hôtel du centre de Prague dans lequel elles logent, pour les avertir du forfait probable de leurs adversaires. Ces dernières, habituées à évoluer sur du plancher et selon les règles américaines, refusent d'affronter les Françaises sur le terrain en cendrée prévu à cet effet, tout comme elles refusent de se plier au règlement français, pourtant le seul reconnu par la Fédération internationale. Appelée à la rescousse par les organisateurs, Alice n'a pas réussi à leur faire entendre raison – et n'est pas certaine d'y parvenir. Les responsables canadiens, arc-boutés sur leurs positions, s'en sont remis aux autorités compétentes de leur pays, auxquelles ils ont adressé un long télégramme. Si aucun accord n'est trouvé d'ici le jour du match, les Françaises devront se préparer à être couronnées sans jouer. Cette perspective, qui n'est pas sans leur rappeler la frustration ayant suivi l'annonce prématurée, par Yvonne Le Grand, de leur forfait face aux Italiennes, jette un froid qui a bien du mal à se dissiper. Consciente qu'elles ont connu des entrées en matière plus sereines, Alice leur demande néanmoins de rester mobilisées pour les épreuves d'athlétisme qui débutent le lendemain.

Dix-sept pays ont envoyé une délégation en Tchécoslovaquie, soit neuf de plus qu'à Göteborg il y a quatre ans, et le nombre aurait pu grimper à dix-neuf si la Nouvelle-Zélande et l'Afrique du Sud, enthousiastes à l'idée de prendre part aux réjouissances, n'avaient finalement renoncé, empêchées par la longueur du voyage et son coût exorbitant. Les Américaines comptent aussi parmi les absentes. En dépit de leurs promesses, leurs dirigeants, donnant raison aux rumeurs qu'Alice s'était attachée à démentir, ont préféré se préserver pour les Jeux olympiques de Los Angeles de 1932 – sous réserve, bien entendu, que l'IAAF et le CIO acceptent que les femmes y participent. Quoi qu'il en soit, le nombre de participantes aux Jeux féminins n'a jamais été aussi élevé. Elles sont 270 inscrites à Prague – soit presque 200 de plus qu'en Suède – et, bien que la plupart viennent d'Europe, il reste le Japon – dont la délégation, emmenée par la formidable Kinue Hitomi, s'est largement étoffée – pour faire honneur au reste du monde.

Alice aurait aimé les recevoir dans une enceinte flambant neuve, conformément à ce que les organisateurs avaient annoncé, mais l'entreprise de construction d'un nouveau stade n'a pas abouti et il a fallu trouver rapidement une solution de repli. Les dirigeants du Sparta, du Slavia et du Viktoria, les trois plus grands clubs de football de la ville, ont été approchés, mais tous ont refusé d'accueillir les athlètes féminines, même s'ils ont eu la délicatesse d'annuler les rencontres prévues durant les trois jours de compétition afin de ne pas leur faire d'ombre. En désespoir de cause, le comité d'organisation s'est rabattu sur l'hippodrome municipal. Avec son incroyable piste de 1 100 mètres, c'est certainement l'un des édifices sportifs les plus vastes au monde, il a donc fallu procéder à quelques ajustements et des ouvriers ont travaillé jour et nuit dans le but de le rendre plus praticable et convivial.

Ce sont plus de 60 000 spectateurs qui se sont succédé dans les tribunes durant ce week-end prolongé de début septembre, une performance sans précédent pour de l'athlétisme, sport confidentiel en Tchécoslovaquie qui n'avait, jusqu'alors, jamais réuni plus de 8 000 personnes – et encore, à l'occasion d'un meeting masculin avec le célèbre Finlandais Paavo Nurmi pour tête d'affiche ! Alice est persuadée que l'histoire singulière et les exploits retentissants de Stanislawa Walasiewicz peuvent en partie expliquer ce succès.

Cette grande brune de dix-neuf ans, à l'allure puissante et au style impeccable, est née en Pologne avant que sa famille n'émigre aux États-Unis quand elle n'avait que deux ans. Établie à Cleveland, dans l'Ohio, elle a américanisé son nom : de l'autre côté de l'Atlantique, le public la connaît en tant que Stella Walsh, petit prodige de la piste qui n'en finit plus de battre des records. En attendant sa naturalisation, Walasiewicz a demandé à concourir sous la bannière de son pays natal, ce dont les autorités polonaises se félicitent puisqu'elle a outrageusement dominé le sprint, enlevant la victoire sur 60, 100 et 200 mètres, au détriment, notamment, de Kinue Hitomi, obligée de se contenter d'un unique succès à la longueur.

Du côté des Françaises, c'est la douche froide. Sur les onze sélectionnées, seule Simone Warnier réussit à bien figurer avec une quatrième place au javelot assortie d'un record de France, finalement invalidé en raison d'un vent trop favorable. Pour ce qui est des cadres, le constat est encore moins reluisant. Lucienne Velu, engagée dans cinq épreuves, ne parvient pas à se qualifier pour une seule finale, excepté celle du relais 4×100 mètres, où elle et ses coéquipières terminent à la cinquième et avant-dernière place. Quant à Marguerite Radideau, championne sortante sur 60 mètres, elle échoue à conserver son titre.

La finale de basket perdue face aux Canadiennes ne leur permet pas, hélas, de redorer le blason de l'équipe nationale, et ce séjour à Prague restera, sur le plan des résultats sportifs français, un rendez-vous de sinistre mémoire.

Le retour en France est difficile. Les journalistes cherchent des coupables pour expliquer la faillite pragoise et, comme bien souvent, c'est Alice qui leur sert de bouc émissaire. À les lire, la liste de ses torts est sans fin : les saisons à rallonge qui, entre le football, le basket et l'athlétisme, s'étalent quasiment sur l'année entière, la compétition à outrance, la non-spécialisation, le surentraînement… Lucienne Velu et Marguerite Radideau ont à elles deux disputé huit épreuves athlétiques lors des Jeux féminins, sans compter le basket. La presse se demande comment attendre d'elles qu'elles rivalisent avec les Polonaises ou les Allemandes, grandes gagnantes de la réunion tchécoslovaque. Alice, qui n'a jamais vraiment eu le goût du mea-culpa, objecte vertement que Stanislawa Walasiewicz, au départ du 60, 100, 200, 4×100 mètres et du javelot – ce qui fait, au total, onze courses, en comptant les tours préliminaires, et un concours, soit deux passages avec les éliminatoires –, a été portée aux nues sans que personne fustige l'encadrement polonais. Il ne faudrait pas non plus oublier que les Françaises ne sont pas les seules à être passées au travers : l'Angleterre, annoncée favorite, s'est complètement ratée et se retrouve rétrogradée à la troisième place au classement des nations.

Alice a la sensation que les Jeux mondiaux féminins de Prague ont eu l'effet inverse de celui escompté : plutôt que d'asseoir définitivement le sport féminin dans l'opinion publique française, ce troisième opus a réveillé le flot dormant de ses opposants, dont la vigueur s'était pourtant tassée au fil des ans. Une double tragédie redonnera de l'eau à leur moulin quelques mois plus tard.

En avril 1931, Georgette Gagneux, handicapée ces deux dernières années par une santé chancelante qui l'avait contrainte à s'éloigner des stades par intermittence, décède soudain à seulement vingt-trois ans, terrassée par la tuberculose. Sa mort provoque une onde de choc nationale et sert de prétexte aux détracteurs du sport féminin.

Les funérailles ont lieu le 17 avril en la monumentale église de Saint-Philippe-du-Roule, dans le huitième arrondissement de Paris. Toutes les amies de Georgette, notamment Lucienne Velu et Marguerite Radideau, ses partenaires des Linnet's, sont là, massées autour du catafalque recouvert de blanc. Des champions comme André Leducq, vainqueur du Tour de France cycliste en 1930, ou les basketteurs Jacques Flouret et Marcel Beaulieu ont fait le déplacement, ainsi que des dirigeants et des délégations de clubs.

Alice est installée derrière la famille. Ses traits tirés attestent d'un chagrin immense. Elle ne verra plus jamais Georgette, la petite blonde au caractère frondeur et au physique malingre qu'elle avait découverte en 1923, lors de son inscription à Fémina. C'était l'année de ses seize ans et elle les avait dignement fêtés avec un premier titre de championne de France sur 80 mètres décroché au détriment de Lucie Prost, quatre ans de plus. Georgette la remuante, qui pratiquait le patin, la natation, l'aviron, Georgette l'athlète talentueuse, aussi douée pour la vitesse, les sauts que les lancers, disciplines qui lui ont valu, en moins d'une décennie, tant de sacres, tant de records, en France comme sur la scène internationale. Georgette qui s'était également convertie au basket, domaine grâce auquel, là encore, elle avait atteint les sommets. Alice se souvient avec tendresse combien, cinq ans auparavant, il lui avait été difficile de lui faire entendre raison lorsque, dévorée par la fièvre, elle lui affirmait sans sourciller être capable de tenir son rang aux Jeux de Göteborg. Elle n'avait finalement pas pu être du voyage en Suède mais s'était rattrapée plus tard, lors des JO d'Amsterdam, même si elle ne s'y était pas distinguée comme elle l'aurait souhaité. Prague devait lui permettre de prendre sa revanche, elle ne lui parlait que de ça, mais ses poumons, durement éprouvés, l'en avaient empêchée. Tombée malade à l'hiver 1929, elle suivait un traitement à Chamonix pendant que l'équipe de France était en Tchécoslovaquie. Alice apprendra plus tard que, malgré ses conseils, malgré ses interdictions, elle continuait à s'entraîner en cachette pour préparer son retour. C'est là-bas, au pied du mont Blanc, que Georgette Gagneux s'est éteinte.

À ce deuil vient s'ajouter, quatre mois plus tard, la mort de Kinue Hitomi. L'athlète japonaise surdouée de vingt-quatre ans est morte à Tokyo d'une pleurésie. Les opposants au sport féminin, sans considération pour la détresse d'Alice, redoublent de véhémence à son encontre. Pour eux, peu importe de quoi sont mortes Gagneux et Hitomi, ce sont deux étoiles filantes, deux victimes sacrifiées sur l'autel d'un sport qui tue et dont Alice est le bras armé.

Les critiques qui pleuvent sur elle sont d'une violence inouïe. À entendre ses détracteurs, elle est celle qui fait du profit sur le dos des athlètes, celle qui, à travers ces jeunes femmes, étanche sa soif de voyages et ses désirs de conquête, qui tire avantage de leur talent pour obtenir des décorations (elle a reçu, quelques mois auparavant, la médaille d'honneur de l'éducation physique). La médisance atteint son paroxysme lorsqu'elle est comparée, sans plus aucune retenue, au Kaiser Guillaume II et à son fils, le prince héritier Frédéric-Guillaume de Prusse : comme ils l'ont fait avec leurs soldats, elle offrirait « les athlètes en holocauste pour son bon plaisir de mauvais maître ». Alice a beau avoir l'habitude des commentaires acerbes, ce déferlement de haine la blesse profondément. Elle a l'impression d'un épouvantable retour en arrière, à l'époque de ses premières années de dirigeante, lorsqu'elle était poursuivie par une meute beuglante que rien ne pouvait raisonner. Une fois de plus, son nom est jeté en pâture pour éviter de regarder le problème en face et de s'interroger sur ce qui conduit réellement le sport féminin à sa perte.

Cette situation est symptomatique du fâcheux deux poids, deux mesures autour des drames qui ont récemment touché le monde sportif. Le décès de Marcel Reliat, quelques jours après celui de Kinue Hitomi, en apporte une fois de plus la douloureuse confirmation. La révélation lyonnaise de la saison, champion de France du 400 mètres, est mort à dix-neuf ans d'une angine causée, dit-on, par un refroidissement attrapé à cause d'un bain trop froid et qui aurait dégénéré par la suite en méningite. Une disparition effroyable mais qui ne peut, selon les journalistes, être imputable au sport. Pour eux, c'est de son âge que Marcel Reliat a été victime, non d'un excès d'exercice physique : son organisme, encore insuffisamment formé, n'a tout simplement pas su résister à la maladie.

Le véritable nœud du problème n'a rien à voir avec ces tragédies. Même si la presse et les fédérations n'en parlent pas, c'est avant tout de moyens financiers qu'il est question. Depuis des années, les subventions ministérielles accordées à la FFSF ne cessent de baisser. L'an passé, sur les 30 millions de francs alloués au sport par l'État, seuls 25 000 sont revenus aux femmes, réhaussés de deux bonus, l'un de 50 francs – et 35 centimes – accordé par la mairie de Paris et l'autre de 242 francs – et 32 centimes –, « cadeau » du Conseil général... Comment faire en sorte que les sportives se rencontrent, qu'elles progressent, que les générations se renouvellent quand, avec cette somme de misère, il faut satisfaire les appétits des clubs et gérer équitablement cinq sports – en sachant que le moindre déplacement des footballeuses parisiennes à Marseille, par exemple, coûte 3 000 francs ?

Pour que la France, pionnière en matière de sport féminin, retrouve son lustre sur la scène internationale, il est essentiel que ceux qui la gouvernent fournissent un réel effort financier. En l'état actuel des choses, Alice n'a d'autre choix que d'opérer des coupes drastiques dans un calendrier saisonnier autrefois foisonnant et désormais réduit à peau de chagrin. Terminés les déplacements en Angleterre, en Tchécoslovaquie ou en Allemagne, oubliés également les Jeux olympiques de Los Angeles à l'été 1932. Elle qui avait imaginé envoyer Lucienne Velu, Simone Warnier et Jacqueline Alauze – la spécialiste des haies qui concourt désormais sous le nom de Mme Combernoux – en Californie a dû renoncer, faute de moyens. L'équipe de France féminine n'était pas la seule absente de cette dixième édition, certes, mais des nations comme l'Angleterre, l'Allemagne et la Pologne ont réussi à y envoyer une délégation féminine.

Pour ne plus faire les frais de ces politiques injustes, ce n'est plus l'autonomie qu'Alice vise, mais bel et bien l'indépendance, ce qui, à l'échelle du pays, se traduit par la création d'infrastructures dédiées. Voilà plus de dix ans que la mairie de Paris a promis un stade à la FFSF. Il devait être édifié en lieu et place des fortifications, dans le sud de la ville, or ces dernières ont disparu depuis longtemps sans qu'aucune construction ne voie le jour. Alice estime que les sportives ont suffisamment patienté : elle s'engage à ce qu'elles aient, sous peu, leur propre temple.

Après six mois de recherches intenses pour trouver des partenaires, elle lance en mai 1933 une grande loterie pour financer le projet. Sept millions de billets à trois francs l'unité ont été édités avec, à la clef, quantité de lots d'une valeur totale de 3 millions de francs, dont deux voitures Peugeot et 500 000 francs en rentes attribués par tirage au sort.

L'emplacement qu'elle convoite est situé non loin de la Cité universitaire, à quelques minutes seulement en transport en commun de la place Saint-Michel. Cette immense parcelle, bientôt desservie par une nouvelle station de métro, est l'écrin idéal pour accueillir un complexe sportif ultramoderne doté de terrains de basket et de tennis, d'une piste de course à pied de 300 mètres et d'espaces de concours répartis sur les quatre côtés. Les athlètes auront des vestiaires à disposition, bien entendu, mais aussi des douches, un cabinet médical et une salle de réunion. Une grande pièce est prévue pour les entraînements hivernaux, et son toit sera aménagé pour le basket.

Le chantier est immense et Alice croule sous le travail depuis qu'elle a été chargée par ses partenaires de la FSFI d'une mission de la plus haute importance concernant les Jeux féminins. Échaudée par les expériences d'Amsterdam et de Los Angeles, la Fédération souhaite désormais, comme sa présidente le préconise depuis des années, revenir sur la participation aux Jeux olympiques, dont les femmes ne tirent aucun avantage. À l'avenir, celles-ci se concentreront sur leurs propres Jeux. À charge pour leurs instigateurs de les faire évoluer en les ouvrant à toutes les disciplines olympiques, et non plus seulement aux épreuves athlétiques et au basket. Mandatée par la majorité, Alice a commencé à entreprendre des démarches en ce sens auprès des responsables des différentes fédérations internationales. La première à avoir donné son aval est la Fédération internationale de natation, sous réserve de confirmation lors de son congrès annuel. Si tout se passe comme prévu, les nageuses pourraient déserter définitivement les bassins olympiques pour faire leurs grands débuts aux Jeux mondiaux féminins de Londres en 1934 ou lors de la cinquième édition, prévue en 1938, dont l'organisation devrait revenir soit à la Pologne, soit à l'Autriche.

16

« Nous avons conscience d'avoir travaillé au mieux-être de la femme, à quelque classe de la société qu'elle appartienne, d'avoir aidé à en faire un être sain moralement et physiquement, n'ayant pas crainte de ses responsabilités, mais prête aussi à faire respecter ses droits dans tous les domaines, sans perdre la grâce qui a toujours fait son charme. »
Alice Milliat, *Je sais tout*, 1er janvier 1932

D'ordinaire, revenir à Londres lui procure toujours beaucoup de joie, d'autant plus l'été, lorsque le climat est à peu près clément. Mais cette fois, elle appréhende. L'idée de quitter son appartement de la rue de Varenne l'angoisse et, malgré ses efforts, elle ne parvient pas à se débarrasser de ce désagréable sentiment de malaise qui lui comprime la poitrine. Si elle avait le choix, Alice s'accorderait une pause afin de reprendre des forces avant que ce maudit corps ne la lâche encore. Boucler ses bagages a été un supplice. Elle a dû s'y reprendre à plusieurs fois, obligée de s'allonger sur son lit entre deux allers-retours vers son armoire pour calmer ses vertiges, retrouver un peu de souffle jusqu'à sentir son cœur battre de nouveau normalement. Elle vient à peine de fêter ses cinquante ans, mais elle a la sensation d'en avoir trente de plus. S'infliger un énième déplacement dans ces conditions, qui plus est en avion, espace exigu où il est impossible de faire abstraction des autres, n'est pas raisonnable, mais renoncer au dernier moment ne le serait pas non plus. Les représentants de la Women's Amateur Athletic Association (la bien nommée WAAA), la fédération anglaise en charge de l'organisation des quatrièmes Jeux mondiaux féminins, dont l'ouverture est prévue une semaine plus tard, le 9 août 1934, comptent sur elle, tout comme les membres de la FSFI.

Ses médecins ont été compréhensifs et elle leur sait gré d'avoir été sensibles à tout ce que représente pour elle ce qui sera, elle s'y est engagée, son ultime escapade officielle. Avec leur aval, elle va pouvoir s'offrir les adieux dignes et discrets qu'elle a imaginés, avant de tirer un trait définitif sur vingt années de sa vie. Sa lettre de démission est prête, il ne lui reste plus qu'à la remettre aux principaux concernés – ce qu'elle compte faire une fois la compétition terminée, de sorte que tout le monde, elle comprise, puisse profiter pleinement des célébrations.

La seule chose qui la chagrine est la pensée que les filles de l'équipe de France apprendront probablement sa décision par voie de presse et non de sa bouche comme elle le souhaiterait, mais elle n'a pas trouvé meilleure solution pour préserver Lucienne Velu et ses coéquipières. Alice est consciente de ce que représente pour elles le fait de concourir en Angleterre, elle sait aussi combien elles ont eu peur de ne pas en être. Malgré ses démarches répétées, elle n'est pas parvenue à redresser suffisamment les finances de la FFSF et, sans l'immense générosité de la WAAA, qui a décidé de prendre à son compte les frais de séjour de l'ensemble des 250 participantes présentes à Londres, il y a fort à parier que la France aurait effectivement manqué à l'appel.

Son unique préoccupation, désormais, sera de donner le change. Avant de les rejoindre au Great Central Hotel, superbe bâtisse d'inspiration néo-gothique située non loin du métro Marylebone, Alice s'autorise un crochet par Hyde Park, souvenir de ses quelques mois au service des Gulbenkian. Lorsqu'elle franchit l'imposant passage voûté qui fait office d'entrée, il lui semble qu'une éternité s'est écoulée depuis la dernière fois qu'elle en a arpenté les allées. Pourtant, rien n'a vraiment changé. En dépit des années, la magie des lieux continue d'opérer et de l'apaiser. Si bien qu'à son arrivée au Great Central Hotel, Lucienne et les autres ne paraissent pas soupçonner quoi que ce soit, plus préoccupées par la perspective de se frotter aux Palestiniennes et aux Sud-Africaines, nouvelles venues sur la scène sportive internationale, que par son retard inhabituel.

Soucieuse de se ménager, Alice ne découvre White City qu'à l'occasion de la journée d'ouverture des Jeux féminins. Le stade, gigantesque, lui paraît bien plus adapté aux joutes athlétiques que ne l'était le Stadium de Prague. Et pour cause : construit pour les Jeux olympiques de 1908, il vient tout juste de recevoir 60 000 personnes pour les deuxièmes jeux de l'Empire britannique et il n'est plus qu'à espérer que les Anglais soient aussi nombreux à venir y applaudir les athlètes féminines.

En observant les premiers spectateurs prendre place dans les gradins, Alice se dit que c'est grâce à eux, peuple sportif par excellence, qu'elle a commencé à pratiquer l'aviron il y a trente ans. Vivre son ultime défilé des nations en tant que présidente de la FSFI en Angleterre est, en ce sens, une extraordinaire manière de tirer sa révérence, et elle est fermement résolue à passer outre ses soucis de santé pour profiter de chaque seconde. Elle qui est rodée aux usages du protocole ne se lasse pas du spectacle de ces délégations qui défilent au pas, de la sensation que lui procure la musique lorsqu'elle prend progressivement possession de l'espace jusqu'à recouvrir le vacarme des tribunes. Vient alors le moment qui la

©DR

Lucienne Velu, porte-drapeau de la délégation française lors des quatrièmes Jeux mondiaux féminins, à Londres, en 1934. Derrière elle, Marguerite Radideau.

fascine le plus, celui où le stade se fait véritablement silence avant que la déclaration officielle d'ouverture rompe cette harmonie ténue et qu'athlètes et officiels se mettent à arpenter la pelouse dans tous les sens, pressés de remplir leur mission.

Son bonheur aurait été total si les Françaises étaient parvenues à tenir tête à leurs adversaires, mais ce ne sera pas pour cette fois : Suzanne Lenoir, championne de France du 800 mètres, est éliminée dès les séries, même sort pour Albertine Vanasse, la prometteuse Nordiste, sur 200 mètres. Alice s'était préparée à cette issue : glaner des médailles nécessite des moyens, notamment financiers, dont leur ministère de tutelle n'a pas jugé bon de les doter. Heureusement, les joueuses de l'équipe de France de basket, elles, n'ont pas failli. Le premier match les oppose à la Pologne et fait office de finale pour le championnat d'Europe. Leur capitaine, Lucienne Velu, engagée en parallèle sur le disque et en sprint, a finalement déclaré forfait pour le 100 mètres afin de se ménager, et bien lui en a pris : elle et ses coéquipières s'imposent largement, 36 à 20, et décrochent leur deuxième titre continental en quatre ans face aux mêmes concurrentes.

Deux jours plus tard, c'est un face-à-face autrement plus compliqué qui les attend. Après les Polonaises, ce sont les Américaines qui se dressent sur la route des Françaises pour décrocher la couronne mondiale. De ce cinq hexagonal présent à Londres seule Lucienne Velu avait participé à la campagne tchécoslovaque. Bien que les pronostics les donnent, elle et ses compatriotes, perdantes, Alice est convaincue que le souvenir douloureux de la défaite alors enregistrée face aux Canadiennes peut, en décuplant la rage de vaincre de leur capitaine, les aider à faire la différence, et le début du match semble lui donner raison. Pressé de prendre l'ascendant sur des rivales plus grandes et plus athlétiques, le clan français se mobilise dès les premières secondes et parvient à installer tranquillement son jeu pour mener de deux points à la pause (13-11). La seconde mi-temps va s'apparenter à un véritable récital. Guidée par une Velu aussi habile tacticienne que formidable cheffe de meute, Jeanine Garnier, la Mulhousienne, est de toutes les actions, tout comme Yvonne Santais, visiblement peu impressionnée de disputer son premier tournoi à l'étranger. Les Américaines, habituées dans leur pays à effectuer autant de changements que nécessaire, peinent à s'adapter aux règles de la FSFI, moins généreuses en la matière, et marquent le pas. En quelques minutes, l'écart se creuse entre les deux formations. Lorsque l'arbitre siffle la fin de la rencontre, le public est debout pour applaudir frénétiquement l'exploit du jour. Victorieuses par 34 à 23, Lucienne Velu, Jeanine Garnier, Yvonne Santais, Simone Richalot et Gilberte Flouret sont sacrées championnes du monde et inscrivent leurs noms au palmarès des Jeux mondiaux féminins.

Après ce *finish* en apothéose, Alice aurait dû quitter le stade avec ses hôtes et attendre la réception de clôture pour retrouver ses filles, pour les féliciter, mais cette fois, elle n'en a pas eu envie. Jamais plus il ne lui sera donné de vivre pareil moment, que peut bien valoir l'étiquette dans ce genre de situation ? Tout à leur joie, les basketteuses ne prennent pas conscience de sa présence dans le vestiaire. Postée dans l'encoignure de la porte, Alice profite de cet instant suspendu pour les observer discrètement. Le cheveu en bataille, vêtues de leur tenue sportive, les nouvelles reines du basket mondial entonnent *Les beaux dimanches de printemps*, de Reda Caire, en esquissant quelques pas de danse savamment maîtrisés. Elles l'ignorent encore, mais elles viennent de lui offrir le plus merveilleux cadeau d'adieu qui soit. Envahie par l'émotion, Alice est tentée un instant de se joindre à leur sérénade improvisée avant de se raviser, empêchée jusqu'au bout par cette sacro-sainte pudeur que d'aucuns confondent avec de la froideur.

Où sera-t-elle dans quatre ans lorsque ces jeunes femmes remettront leur titre en jeu ? Si les Jeux féminins ont lieu au Japon, il est probable que ses médecins lui interdisent le voyage, mais si la candidature de la Pologne ou de l'Autriche vient à l'emporter, peut-être se glissera-t-elle dans les tribunes pour les encourager… Tout cela est encore très flou, la seule chose dont elle soit vraiment certaine est qu'à cette date elle ne sera plus présidente de la FSFI.

Le lendemain, à l'occasion du congrès fédéral, elle officialise sa décision. La sollicitude dont font preuve ses compagnons de route la déstabilise. Sa démission aurait dû prendre effet immédiatement, mais la voix discordante de l'Allemagne, partisane de confier la direction de l'athlétisme féminin à l'IAAF dans l'optique des Jeux olympiques de Berlin en 1936, la pousse à revoir ses plans. Encouragée par l'insistance des autres nations affiliées, soucieuses « de mener à terme leur idée de Jeux féminins comprenant toutes les formes de l'activité sportive », elle accepte de reporter son départ au prochain congrès. Il lui reste vingt-quatre mois pour obtenir d'Edström et du CIO un programme athlétique complet pour les femmes, sans quoi les membres de la FSFI persisteront à unir leurs forces pour que les Jeux féminins continuent d'exister et de grandir. Les tractations qu'elle a engagées avec la Fédération internationale de natation sont sur le point d'aboutir et il se pourrait qu'il en soit de même, dans un avenir proche, avec celle d'escrime.

La discussion qui l'attend avec son chirurgien à son retour à Paris risque de ne pas être agréable, mais refuser cette ultime mission lui aurait donné l'impression d'abandonner lâchement les siens à leur sort. Céder son fauteuil de présidente n'est pas, dans son esprit, une simple passation de pouvoir, ce n'est pas un titre ou une fonction qu'elle s'apprête à confier à quelqu'un d'autre, mais l'œuvre de sa vie, son héritage, et elle ne veut pas qu'un personnage aussi vil et mesquin qu'Edström s'en approprie l'usufruit. Lucide, Alice pressent que les mois qui s'annoncent seront difficiles pour elle. Il va lui falloir composer avec un corps qui se dérobe et des forces qui l'abandonnent, or la période trouble que traverse le sport féminin exige qu'elle soit parfaitement apte au combat.

À mesure que le temps s'écoule, des bruits de plus en plus inquiétants se font entendre à son sujet, les plus insistants la disant en passe de quitter la direction de la FFSF. En mars 1935, presque cinq ans après s'en être vu de nouveau confier les rênes, elle donne raison à la rumeur en remettant l'intégralité des tâches qui lui incombaient à Mlle Cherer, l'une de ses vice-présidentes. La Fédération française, en manque d'argent, a été contrainte de se séparer du football il y a deux saisons de cela, mais continue tant bien que mal à régenter l'athlétisme et le basket. Alice espère également que les sportives auront enfin les clefs de ce stade fédéral pour lequel elle s'est tant démenée. Cela fait plus d'un an qu'elle a déposé des baux avec promesse d'achat chez un notaire de la banlieue parisienne, mais rien n'avance et, sans les subventions spéciales qui leur ont été promises – mais dont elles n'ont toujours pas vu la couleur –, il est à craindre qu'il leur faille attendre encore longtemps.

Elle aurait aimé, pour sauver ce qui peut encore l'être, que le CIO soit plus réactif à ses sollicitations, mais son président, le comte de Baillet-Latour, n'a toujours pas daigné répondre à la lettre qu'elle lui a adressée pour demander la suppression de toute participation féminine aux Jeux olympiques. Si rien ne bouge d'ici l'été et les Jeux de Berlin, elle devra faire contre mauvaise fortune bon cœur et accepter de laisser ses alliés poursuivre les tractations sans elle.

17

« Le jour où les femmes françaises auront réussi à faire compléter les devoirs qu'on s'est toujours empressé de leur imposer par leurs droits sociaux et politiques, la situation changera d'aspect, soyez-en convaincu. En attendant, nous nous contentons de continuer la lutte contre les préjugés et de faire le meilleur féminisme qui soit : celui qui consiste par l'éducation physique et sportive à assurer à la femme la santé et la vigueur physiques d'où découle l'énergie morale. »

Alice Milliat, *L'Auto*, 29 mars 1923

Printemps 1954. C'était un échange d'une banalité affligeante, un « Bonjour, vous allez bien ? » glissé machinalement au détour d'une rencontre impromptue devant son immeuble du 6 cité Pigalle, au pied de la butte Montmartre. Ce jour-là pourtant, la réponse de sa voisine – « Vous ne trouvez pas que la vie était plus douce avant, madame Milliat ? » – a eu pour effet de replonger Alice dans cette période de l'entre-deux-guerres à laquelle elle n'avait pas repensé depuis des lustres. Contrairement à nombre de personnes de son entourage, elle n'a jamais aimé vivre dans le passé ; pour elle, l'important a toujours été demain, pas hier. Ce n'est pas qu'elle renie les années qui se sont écoulées, mais la nostalgie ne la tente pas, elle dirait même que c'est un sentiment qui l'indiffère. À quoi bon se complaire dans un temps qui n'est plus ? Chez elle d'ailleurs, nulle trace de photographies ni de quoi que ce soit qui pourrait lui rappeler un passé qui l'accompagne sans bruit. Mis à part un cliché de sa famille et un portrait de Joseph, seuls quelques papillons sous cadre, souvenirs de ses voyages au Brésil, trahissent ce qu'a pu être cette vie qu'elle s'évertue à cacher.

En tout et pour tout, elle aura consacré vingt-deux ans au sport féminin depuis cette journée de 1914 qui l'a vue pousser timidement la porte de Fémina. Pour elle qui vient de fêter ses soixante-dix ans, cela représente environ un tiers de son existence. Mais les jeunes filles d'aujourd'hui ne se doutent pas un instant de son rôle dans cette lente et difficile conquête. Pour celles qu'elle côtoie au quotidien, celles de sa résidence, de son quartier, elle est avant tout la vieille dame de l'impasse, une silhouette aux cheveux blanc reconnaissable à son grain de beauté sous la narine droite, à laquelle on adresse un salut poli mais pressé lorsqu'on la croise. Les autres ne soupçonnent même pas qu'elle puisse exister, anonyme parmi les milliers d'inconnus qui peuplent Paris. Elle ne peut pas dire que cette amnésie collective la réjouisse, mais elle s'en accommode : elle savait pertinemment, lorsqu'elle a démissionné de la FSFI à l'été 1936, que le chapitre serait définitivement clos.

Une lettre avait suffi pour entériner son départ. Cette année-là, pour la première fois de son parcours de dirigeante, Alice n'a assisté ni aux Jeux olympiques, ni aux débats fédéraux, et cela ne lui a fait ni chaud ni froid. Tout juste a-t-elle regretté de ne pouvoir encourager l'équipe de France où évoluait encore l'inoxydable Lucienne Velu, trente-quatre ans, et de passer à côté du phénomène Jesse Owens, athlète noir devenu le symbole d'une édition olympique pourtant pensée pour asseoir le prestige d'Adolf Hitler aux yeux du monde. Pour le reste, Alice considérait que cela ne la regardait déjà plus.

La décision de Sigfrid Edström de faire passer l'athlétisme féminin sous la coupe de l'IAAF dès cet été 1936 revenait, dans les faits, à condamner la FSFI à mort. En quoi Alice aurait-elle pu être utile après cela ? Le Suédois, adversaire éminemment retors, avait fini par gagner la partie. Pour autant, abdiquer ne signifiait pas rendre les armes en renonçant à tout. Avant de quitter la scène, Alice avait ainsi exigé la ratification des records du monde inscrits par les femmes, ce qu'Edström lui avait accordé. Il s'était en revanche montré bien plus récalcitrant concernant l'adoption du programme olympique féminin complet qu'elle réclamait pour les JO de 1940. Au cas où cette ultime demande ne serait pas satisfaite à temps pour le rendez-vous olympique, Alice demandait l'assurance que les cinquièmes Jeux féminins aient lieu. Ils devaient se dérouler en 1938 à Vienne, seule ville encore partante pour les accueillir après le retrait du Japon et de la Pologne de la liste des pays candidats.

Alors qu'elle emprunte la rue Notre-Dame-de-Lorette pour rejoindre le square de Montholon, destination de sa balade quotidienne, Alice se dit que cette ultime bataille n'a pas été totalement vaine. À Berlin, le CIO a voté l'ajout du 200 mètres, de la longueur avec élan et du poids, portant à neuf le nombre d'épreuves ouvertes aux femmes pour l'horizon 1940, soit quatre de plus qu'aux JO d'Amsterdam en 1928. Ce progrès a toutefois sonné le glas des Jeux mondiaux féminins. À compter de 1936, Sigfrid Edström, estimant sans doute qu'il avait concédé suffisamment de terrain, n'a plus voulu en entendre parler. Sous sa houlette, les Jeux féminins de Vienne sont devenus des championnats d'Europe, un ultime rendez-vous à destination exclusive des femmes, avant l'adoption du principe de mixité dès 1946, à la sortie de cette Seconde Guerre mondiale qu'Alice n'aurait jamais imaginé revivre.

Comme en 14-18, le sport, et plus précisément l'aviron, l'a aidée à supporter l'horreur, du moins jusqu'à ce que Paris soit occupée. Par la suite, il n'a plus été question de se rendre sur les bords de Marne, ramer était devenu trop risqué. Il est resté, malgré tout, quelques bonnes âmes pour continuer à faire vivre le mouvement sportif en dépit du chaos ambiant. Alice s'est longtemps demandé si d'autres avaient eu la chance de voir naître, comme elle, cette petite étincelle qui l'avait conduite à suivre un chemin qui ne lui était pas destiné.

Il lui aurait suffi, pour le savoir, de pousser à nouveau la porte de Fémina, mais elle ne l'a pas fait. Peut-être les choses auraient-elles été différentes si Pierre Payssé avait été encore de ce monde. Alice a toujours pensé qu'il était heureux, malgré tout, qu'il soit parti avant le début de la Seconde Guerre mondiale et son lot d'atrocités. Sur le plan sportif, le gouvernement de Vichy s'est piqué, dès 1940, de réformer la politique nationale. À la grande surprise d'Alice, c'est une femme, Marie-Thérèse Eyquem, qui a été nommée à la tête des sports féminins – mais cela n'a pas suffi à les préserver pendant la guerre. L'accès aux sports de combat, au football, à la barette, ainsi qu'aux compétitions cyclistes a été interdit aux femmes, ce que l'ancienne dirigeante de fédération a très mal vécu. À cinquante-six ans, elle n'avait néanmoins plus la force de s'opposer à ces mesures répressives. S'est-elle sentie coupable ? Pas le moins du monde. Elle aurait simplement aimé que quelqu'un reprenne le flambeau. Malheureusement, cela n'a pas été le cas et, en 1954, même si la jeune génération est moins empêchée que ne l'ont été les pionnières, le sport n'est toujours pas considéré comme un droit pour les femmes.

Dix-sept heures sonnent à Notre-Dame-de-Lorette en contrebas. À trop ressasser ses pensées, Alice n'a pas vu l'après-midi passer. Lasse, elle quitte son banc pour prendre le chemin du retour. Une fois chez elle, elle se met à fouiller dans la commode du salon pour en exhumer un album plein de vieilles photographies. Celle qui lui reste des Jeux olympiques d'Amsterdam la fait sourire. Elle s'y voit, trônant en bonne place parmi un groupe d'hommes – parmi lesquels Sigfrid Edström –, prête à inaugurer sa fonction au sein du jury, un honneur qui n'avait jusqu'alors jamais été accordé à une femme. À l'époque, elle nourrissait les plus grands espoirs concernant le futur des sportives. Comment aurait-elle imaginé qu'il se passerait plus de cent ans, à compter de son premier échange avec Pierre de Coubertin, avant que ses successeures, celles des Gagneux, Radideau ou Velu, obtiennent du CIO ce programme complet pour lequel elle n'a cessé de lutter ?

©DR

Aux Jeux olympiques d'Amsterdam, en 1928,
Alice Milliat devient la première femme juge internationale
des épreuves d'athlétisme féminines. Sigfrid Edström
siège à la deuxième place en partant de la droite.

Épilogue

Après avoir quitté ses fonctions à la tête de la FSFI, Alice Milliat est revenue à la vie civile, proposant ses services pour des travaux de secrétariat, de traduction et de sténographie afin de subvenir à ses besoins. Elle qui a longtemps résidé rive gauche a finalement traversé la Seine et passé les dernières années de son existence dans un appartement dont elle était propriétaire, cité Pigalle, dans le neuvième arrondissement de Paris. Selon l'historien André Drevon, elle s'était tant investie dans la vie de son immeuble que ses voisins l'avaient désignée responsable du syndicat de copropriété. Elle s'est éteinte le 19 mai 1957, à soixante-treize ans, dans une maison de retraite de la fondation Rothschild, rue de Picpus, dans le douzième arrondissement. Conformément à ses souhaits, elle est enterrée à Nantes, auprès de sa famille, dans une tombe sur laquelle elle n'a pas voulu que l'on grave son nom.

Peu à peu oubliée de ses pairs, Alice Milliat ne verra pas les fruits de son combat pour que les femmes aient droit à un programme olympique d'athlétisme complet. Les cinq épreuves qui leur sont accordées à Amsterdam (Pays-Bas) en 1928 passent à six pour Los Angeles (États-Unis, 1932) et Berlin (Allemagne, 1936), où la suppression du 800 mètres est compensée par l'ajout du 80 mètres haies et du javelot. Lors des éditions de Londres (Angleterre, 1948), d'Helsinki (Finlande, 1952) et de Melbourne (Australie, 1956), les femmes sont autorisées à concourir sur le 200 mètres, la longueur et le poids, pour un total de neuf épreuves, qui passe à dix quatre ans plus tard à Rome (Italie, 1960) avec le retour du double tour de piste plus de trente ans après son interdiction.

Jusqu'au début des années quatre-vingt, les femmes gagnent régulièrement du terrain et comblent doucement le retard qui les sépare des hommes. Les choses s'accélèrent à partir de l'édition de Los Angeles, en 1984, où elles sont alignées sur dix-sept épreuves dont quatre nouvelles : le 3 000 mètres, le 400 mètres haies, le marathon et l'heptathlon, qui remplace le pentathlon. Il faudra attendre Londres, en 2012, pour que le souhait d'Alice soit presque pleinement exaucé : avec l'ajout du 3 000 mètres steeple, les femmes sont alignées dans vingt-trois disciplines… comme les hommes en 1900 à Paris.

Ces derniers ont vingt-quatre épreuves depuis 1948 (à part en 1976, à Montréal, où le total est retombé à vingt-trois).

Plus de cent ans après les Jeux mondiaux féminins de 1922, elles obtiennent enfin la parité en 2024, à savoir les mêmes épreuves et le même nombre d'engagées que les hommes.

Que nous reste-t-il aujourd'hui d'Alice Milliat ? Un demi-siècle après sa disparation, André Drevon exhume son souvenir dans un ouvrage, sorti en 2005 et intitulé *Alice Milliat, la pasionaria du sport féminin*. Depuis, de nombreux chercheurs – principalement des chercheuses, d'ailleurs – et auteurs se sont intéressés à son incroyable parcours, parmi lesquels Florence Carpentier, Nathalie Rosol, Florys Castan-Vincente, ou encore Stéphane Gachet. Leurs travaux ont permis de réhabiliter cette femme qui a eu l'audace d'organiser le sport féminin aux niveaux national et international, et de batailler pour imposer les sportives aux Jeux olympiques ; ils lui ont donné la place qui lui revient de droit dans le grand récit de l'histoire du sport.

Cette remise en lumière nécessaire se répercute progressivement sur l'espace public : quelques rues portent désormais son nom, ainsi que des équipements sportifs et une résidence universitaire à Nantes, sa ville natale. En 2021, Denis Masseglia, alors président du Comité national olympique et sportif français (CNOSF), inaugure une statue à son effigie dans l'enceinte de la Maison du sport français, où trônait déjà celle de Pierre de Coubertin. Le dernier hommage en date est récent : l'esplanade qui borde l'Adidas Arena, seul site intra-muros construit à Paris pour les Jeux olympiques de 2024, a été baptisée Alice Milliat – une manière de l'associer officiellement à l'histoire de l'olympisme… mais en la laissant malgré tout, encore, en périphérie.

Note de l'autrice

Tenter de faire revivre Alice Milliat a été une aventure aussi passionnante qu'exigeante. Je me suis appuyée principalement sur la presse de l'époque, les comptes-rendus officiels des instances sportives, les actes d'état civil et le formidable travail des chercheuses et chercheurs dont les principaux sont cités dans l'épilogue. Mais la dame est maline, et surtout secrète. Alice Milliat a toujours pris soin de garder pour elle sa vie privée. De son enfance jusqu'à son arrivée à Londres, je n'ai pas trouvé beaucoup de matériau sur lequel m'appuyer, si ce n'est quelques articles parus dans le *Le Phare de La Loire* qui relatent les remises de prix de l'école de la rue Harouys. Mon imagination m'a servi à combler les trous. Même si la suite de son parcours est plus documentée, redonner voix à Alice m'est apparu comme une lourde responsabilité. Plutôt que d'inventer, j'ai choisi de piocher

Pour limiter l'empreinte environnementale de leurs livres, Les Pérégrines font le choix de papiers issus de forêts gérées durablement et de sources contrôlées.

Imprimé en France par Corlet en mars 2024 sur du papier Enso Classic pour l'intérieur et Rives tradition blanc naturel pour la couverture.

IMPRIM'VERT®

PEFC/10-31-1510

Dépôt légal : avril 2024
N° d'impression : 24020717
ISSN de la collection : 2825-6670
ISBN : 979-10-252-0628-7